Dr. Jaerock Lee

NZAMBE MOBIKISI

URIM BOOKS

[Alobaki} ete, "Soko okoyoka mongongo na YAWE Nzambe nay o mpe kosala yango ezali sembo na miso na Ye, mpe kotosa mibeko na Ye mpe kobatela mibeko na Ye nioso, mbele Nakotiela yo malali moko te matiaki Ngai na Baejipito, mpo ete Ngai Nazali Yawe Mobikisi na yo"
(Esode 15:26).

NZAMBE MOBIKISI by Dr. Jaerock Lee
Ebimisami na ba Buku Urim (Mokambi: Johnny. H. Kim)
235-3, Gur-dong 3, Guro-gu, Seoul Coree
www.urimbooks.com
Droit D'auteur. Buku oyo to mpe eteni na yango ekoki na kobimisama soko te, kofandisama kati na systeme moko na kobimisama ebele te, to mpe kopesama na lolenge soko nini to mpe, na lolenge na electronique, mecanique, photocopie, enregistrement to mpe nini, soki nzela epesami na mobimisi na yango te.

Copyright © 2009 by Dr. Jaerock Lee
Droit D'auteur © 2008 na Dr. Jaerock Lee ISBN: 89-7557-044-4,
ISBN: 979-11-263-1235-1 03230
Copyright na Traducteur © 2008 na Dr, Esther K. Chung. Bakosalela yango soki nzela epesami.

Kobimisama eleka na ki Coreen na Ba Buku Urim na 2007

Kobimisama na liboso na Ki Coreen na Ba Buku Urim na 1992

Kobimisama na Liboso Mars 2005
Edition na Mibale Fevrier 2007
Edition na Misato Aout 2009

Edition na Dr. Geumsun Vin
Desin na Ndako na Edition na ba Biku Urim
Mpona Koluka koyeba mingi na koleka tala na:
urimbook@hotmail.com

Liteyo na Tango na Kobimisama

Lokola civilization ezali kokola mpe bofuluki ekobi na kokola mpe na komata, to moni lelo ete bato bazali na tango mingi mpe na misolo mpona kobimisa. Lisusu, mpona kozwa ba bomoi na nzoto makasi mingi mpe na malamu eleki, bato bakopesa tango na bango mpe misolo mpona kolandela ba sango na motuya.

Kasi, mpona bomoi na moto, bonuni, ba bokono, mpe kufa ezali na nse na bokonzi na Nzambe ikoki te kokonzama na nguya na misolo to boyebi. Lisusu, ezali eloko na kobeta tembe te ete ata soki mayele ekoli mpenza mingi na makoki na moto eye ebombama mikama na ba mbula mingi, motuya na bato oyo banyokwami na ba bokono ezanga lobiko ekobi mpenza.

Kati na lisituale na mokili, ezala na bato mingi na kotanga te oyo bazala na kondima mpe na mayebi makesana- ata Buda mpe Conficius- kasi bango nioso bazalaki kimia na tango bakutanaki na motuna oyo mpe moko te akokaki kokima bonuni, bokono, mpe kufa. Likambo oyo ezuama na masumu mpe nzela na lobiko na bato, moko te kati na yango ezali na makoki na moto. Lelo, ezai na ba pharmacie mpe na ba lopitalo ebele, eye ezali pasi te mpona moto kokenda kuna mpe na komonana lokola ekoki kosikola mokili na biso na ba bokono mpe kopesa nzoto makasi. Ata bongo, ba nzoto na biso mpe mokili mibebisami na ba bokono na ba lolenge na lolenge kobanda na grippe moke kino na ba bokono eyebana te mpe na oyo lobiko emonana te. Bato balukaka na lombango kopamela mbongwana na tango to mpe mokili to mpe bakomonaka yango ete ezali kaka bongo to mpe kolandana na mayele esengelaki, mpe bakomitikaka na komela kisi to mpe na technologie na minganga.

Mpona kozwa lobiko na solosolo mpe kobika bomoi na nzoto malamu, moko na moko kati na biso basengeli kososola esika wapi bokono ebandisamaki mpe lolenge nini tokoki kozwa lobiko. Kati na sango malamu mpe na solo ezalaka kaka na ba nzela mibale: oyo ezali kozela ba oyo bandimi yango te ezali bilakeli mabe mpe etumbu, na tango mpona ba oyo bandimeli yango mapamboli mpe bomoi ezozela bango. ezali mokano na Nzambe mpona solo kobombama mpona ba oyo, lokola Bafalisai mpe balakisi na mibeko, bamimonaki na bwanya, mpe na mayele; ezali mpe mokano na Nzambe mpona solo kotalisama epaii na ba oyo bazali lokola bana, bazali na mposa na yango, mpe bafungoli mitema na bango (Luka 10:21).

Nzambe Alaka mpenza mapamboli mingi mpona ba oyo bazali kotosa mpe bakobikaka na mibeko ma Ye, na tango Akoma mpe na mozindo mpona elakeli mabe mpe bokono na lolenge nioso iye ekopesamela na ba oyo baboyi kotosa mibelo ma Ye (Dutelonome 28:1-68).

Na kozongelaka Liloba na Nzambe epai na bazangi kondima to mpe ata epai na bandimi misusu ba oyo bakotalaka yango pamba, mosala oyo ezali kozongisa baton a lolenge oyo na nzela esengela mpona kosikolama na malali mpe na bokono.

Na lolenge bino bokoyoka, kotanga, kososola, mpe bokomisa Liloba na Nzambe bilei, mpe na nguya na Nzambe na lobiko mpe lobiko, tika ete moko na moko na bino bazwa lobiko na bokono monene to mpe moke, mpe tika ete nzoto makasi ezala kati na bino libota na bino, na nkombo na Nkolo na biso Nabondeli!

Jaerock Lee

Kati na Buku

Liteyo na Tango na Kobimisama

Chapitre 1

Ebandeli na Bokono mpe Pole na Lobiko   1

Chapitre 2

Olingi Kokoma Malamu?   15

Chapitre 3

Nzambe Mobikisi   35

Chapitre 4
Na Mapipi ma Ye Tobikisami 49

Chapitre 5
Nguya na Kobikisa Bokakatani 67

Chapitre 6
Ba nzela na Kobikisa Bkangami na -Milimo mabe 83

Chapitre 7
Kondima na Namana mpe Botosi 103

Chapitre 1

Ebandeli na Bokono Mpe Pole na Lobiko

Malaki 4:2

Kasi mpona bino bato ba oyo bakotosaka nkombo na Ngai, moi na boyengebene ekobimela bino na kobikisa kati na mapau na yango; bokobima wana bokopombwapombwa lokola bana na ngombe kati na lopango

Mpona bato oyo balukak kobika bomoi na esengo mpe na nzoto makasi na tango na bango na mokili oyo, bakoliaka bileli na lolenge nioso iye eyebana ete ekosungaka mpona nzoto makasi, mpe bakolandelaka mpe bakolukaka balolenge na nkuku. Ata soki mokili na biloko mpe na mayele na inganga ekoli, solo ezali ete minyoko n ba bokono mizanga lobiko mpe ekomisaka moto na suka ekoki kopekisama te.

Bongo moto akoki te kosikolama na konyokwama na malali kati na tango na ye na mokili oyo?

Ebele na bato bazalaka nokinoki mpona kopamela tango mpe bisika to mpe bakomonaka bokono lokola eloko esengela to mpe na makanisi, mpe bakomitikaka na ba kisi mpe na mayele na minganga. Kasi natango moto na ba bokono na lolenge nioso mpe na malali iyebani, moto nioso akoki kosikolama na yango.

Biblia etalisi biso na ba nzela masengela mpona moto kobika bomoi esikolama na bokono mpe, ata soki moto azali na bokono, azwa nzela wapi akoki kobika:

[Alobaki} ete, "Soko okoyoka mongongo na YAWE Nzambe nay o mpe kosala yango ezali sembo na miso na Ye, mpe kotosa mibeko na Ye mpe kobatela mibeko na Ye nioso, mbele Nakotiela yo malali moko te matiaki Ngai na Baejipito, mpo ete Ngai Nazali Yawe Mobikisi na yo" (Esode 15:26).

Oyo ezali Liloba sembo na Nzambe, Ye oyo Akonzaka bomoi na moto, kufa, elakelami mabe, mpe lipamboli, epesamela biso.

Nini bongo, bokono ezali mpe mpo nini moyo akozwaka yango? Na lolenge na minganga, "bokono" etalisi bokakatani na lolenge nioso na biteni lolenge na lolenge kati na nzoto na moto-lolenge to mpe makambo matamboli malamu te na nzoto malamu te. Mpe ekokola mpe ekopanzana mingi mingi lokola ba bacterie. Na mmaloba miosusu, bokono ezali lolenge elongobani te mpona nzoto oyo ebetami na bokono ikomemaka poson to ba bacterie.

Kati na Esode 9:8-9 ezali na limboola na lolenge wapi bolozi na mpota esengelaki na kopesamela Ejipito:

"Bongo YAWE Alobbelaki Mose mpe Alona ete botondisa maboko na bino na mputulu na moto na litumbu mpe tika Mose abwaka yango na epai na likolo liboso na Falo. Yango ekobongwana yango ekombongwana mputulu moke mooke likolo na mokili mobimba na Ejipito, mpe ekokoma mbuma ekombongwana mpota na bato mpe na nyama bipai nyoso na mokili na Ejipito."

Kati na Esode 11:4-7, totangi mpona Nzambe kokesenisa baton a Yisalele na baton a Ejipito. Mpo ete epai na Bayisalele ba oyo bazalaki konguumbamela Nzambe, bolozi esengelaki kozala te, esika wapi mpona Baejipito ba oyo batikala kongumbamela Nzambe te to mpe kobika na mokano na Ye, esengelaki kozala na bolozi na kufa na bana na bango na liboso.

Kati na Biblia, toyekoli ete ata bokono ezali nan se na

bokonzi na Nzambe, nde Ye Abatelaka na ba bokono ba oyo bakobangaka Ye, nde ete bokono ikokotela ba oyo basumuki pamba te Akobalolela baton a lolenge eye elongi.

Bongo, mpona nini ezali na bokono mpe minyoko nan a bokono? Bongo yango elakisi ete Nzambe Mokeli Asalaka bokono na tango na kokela mpo ete moto akoka kobika na bokebi na bokono? Nzambe Mokeli Akelaka moto mpe Akonzaka nioso kati na mikili kati na bolamu, bosembo, mpe bolingo.

Kati na Genese 1:26-28 elobami boye ete:

Nzambe Alobaki ete, "Tika Tozalisa moto na lolenge na Bison a elilingi na biso; mpe tika ete bazala na bokonzi na likolo na mbisi na mai, mpe na likolo nan deke na likolo, mpe na likolo na nyama nioso, mpe likolo na mokili mobimba mpe likolo na biloko nioso bikolandaka na mokili. Bongo Nzambe Azalisaki moto na elilingi na Ye mpenza, na elilingi na Nzambe Azalisaki ye; Azalisaki bango mobali mpe mwasi. Nzambe mpe Apambolaki bango, mpe Nzambe Alobelaki bango ete, 'Bobotaka mpe bozala na kobota mingi, mpe botondisa mokili mpe botia yango nan se na bino; mpe bozala na bokonzi likolo na mbisi na mai, mpe nan deke na likolo, mpe likolo na nyama nioso na bomoi ikotambolaka na mokili.'"

Sima na kokela esika esengela mpenza mpona moto kobika (Genese 1:3-25), Nzambe Akelaki moto na elilingi na Ye moko, apambolaki bango, mpe Apesaki nabango bonsomi eleki likolo mpe bokonzi.

Na koleka na tango, bato basepelaki kati na bonsomi mapambola eye Nzambe Apesakia na bango lolenge bazalaki kotosa mibeko mma Ye, mpe babikaki kati na elanga na Edeni esika wapi kolela ezalaki te, maw ate, minyoko te, mpe bokono te. Lolenge emonaki Nzambe ete biloko nioso Asalaki ezalaki malamu mingi (Genese 1:31), Apesaki mobeko moko ete: "YAWE Nzambe Alakaki moto ete, 'Yo okoki koolia mbuma na nzete nioso na elanga, nde mbuma na nzete na koyeba malamu mpe mabe okoki kolia te. Pamba te mokolo okolia yango okookufa solo" (Genese 2:16-17).

Ata bongo, na tango nyoka na kilikili amonaki ete bato babatelaki mobeko kati na bongo na bango te kasi kutu babwakisaki yango, nyoka amekaki Ewa, mwasi na Adamu moto na liboso na kokelama. Na tango Adamu mpe Ewa aliaki mbuma na nzete na koyeba malamu mpe mabe mpe asumukaki (Genese 3:1-6), lolenge Nzambe akebisaki, kufa ekotelaki moto (Baloma 6:23).

Sima na kosala lisumu na kozanga kotosa mpe lokola moto azwaki lifuti na lisumu mpe akutanaki na kufa, molimo kati na moto- mokolo na ye- mpe ekufaki mpe lisanga kati moto mpe Nzambbe etikaki na kozala. Babenganamaki libanda na Elanga na Edene mppe bayaki kobiika katii na mpinzoli, mawa, minyoko, bokono, mpe kufa. Lokola eloko nioso na mokili elakelamaki mabbe, ebimisaki na nzube mpe matiti mabe mpe kaka na motoki na elongi na bango nde bakokaki kolia bilei na bango (Genese 3:16-24). Boye, moboko na ntina mpona bokono ezali lisumu eye eyaka na nzela na kozanga kotosa na Adamu. Soki Adamu azangaka kotosa Nzambe te, alingaki kobimisama libanda na Elanga na Edeni te kasi balingaki kobika bomoi na nzoto mmalamu na tango nioso. Na lolenge mosusu, na nzela na moto moko moto nioso akomaki moosumiki mpe ayaki kobika kati na makama mpe na minyoko na ba lolenge nioso na ba bokono. Soki likambo na lisumu esilisami te, moto moko te akoki kobengama moyengebene na miso na Nzambe na kobatelaka mobeko (Baloma 3:20).

Moi na Boyengebene Elongo na Lobiko na Mapapu na Yango

Kasi mpona bino bato oyo bakotosaka nkombo na Ngai, moi na boyengebene ekobimela bino na kobiikisa kati na mapapu na yango, bokobima wana bokopumbwapumbwa lokola bana na ngombbe kati na lopangoAwa moi na boyengebene" awa etalisi Masiya.

Mpona moto pyp azalaki na nzela na kobebisama mpe na minyokoli na bokono, Nzambe Ayokelaki biso mawa mpe Asikolaki bison a masumu nioso na nzela na Yesu Christu oyo Ye Abongisaki, na kondimela Ye na kobakama na ekulusu mpe makila na ye nioso etanga. Na bongo, moto na moto oyo nani andimeli Yesu Christu, azwi kolimbisama na masumu ma ye, mpe akomaki na lobiko, bakoki sik'awa kosikolama na bokono mpe babika bomoi na nzoto malamu. Na kolakelama mabe na biloko nioso, moto asengelaki kobika na kokeba na bokono tango azalaki naino na mpema kasi na bolingo mpe ngolu na Nzambe, nzela na bonsomi na bokono efungwamaki sasaipi.

Na tango bana na Nzambe batelemeli lisumu kino na esika na kotangisa makila (Baebele 12:4) mpe babiki na Liloba na Ye, Ye Akobatela bango na miso na Ye makopela lokola moto mpe akozinga bango na lopango na moto na Molimo Mosantu mpo ete ata poison moko ten a mopepe ekoka kokota kati na ba nzoto na bango. Ata soki moto akomi na bokono, atubeli mpe alongwe na ba nzela na ye, Nzambe akozikisa bokono mpe akobikisa esika ezwaki likama Oyo ezali kobikisa na "Moi na Boyengebene."

Mayele na minganga na lelo ebimisa therapie ultraviolet, eye esalelamaka lelo mpona kopekisa mpe kobikisa ba bokono na lolenge na lolenge. Ba rayon ultraviolet mizalaka na nguya mingi mpona bokakatani mpe yango ekomemaka mbongwana chimique kati na nzoto. Therapie oyo ekoki kobebisa 99$ basile de colon, diphterie, mpe basile na disenterie mpe ezali mpe na makasi mpona tuberculose,rickets, anemie, rhumatisme, mpe bokono na loposo. Kasi ata treatement oyo akoki kozala makasi mpe na kosunga lokola therapie na ultraviolet ekoki kosunga bokono nioso te.

Kaka moi na boyengebene na kobikisa na mapapu na yango"

ekomami kati na makomi ezali pole na nguya eye ekoki kobikisa bokono nioso. Pole na moi na boyengebene ekoki kosalelama mpona kobikisa bokono na lolenge nioso mpe mpo ete ekoki kosalelama na moto nioso, nzela wapi Nzambe Akobikisaka ezali solo malamu mpe na kokokisama, mpe solo malamu na koleka.

Kala mingi mpenza te sima na kobanda na lingomba na ngai, mobeli na mondelo na liwa mpe konyokwamaka na pasi makasi mingi na paralisy mpe cancer amemelamaki epai na ngai na litoko. Ye akokaki koloba te mpo ete lolenmo na ye ekomaki makasi mpe akokaki koningisa nzoto na ye te mpo ete nzoto mobimba ekangamaki. Mpo ete ba minganga balembaki ye, mwasi na mobeli, oyo andimelaki nguya na Nzambe, asengaki na mobali na ye ete atikela Ye makambo nioso. Sima na ye kososola ete nzela kaka moko mpona ye kobatela bomoi na ye ezalaki kokangama mpe kolelela Nzambe, mobeli alukaki kosanjola ata na tango alalisamaki nan se mpe mwasi na ye mpe abondelaki kati na kondima mpe na bolingo. Na komonaka kondima na bango mibaleI Nabondelaki mpe makasi mingi mpona mobali. Kala mingi te, mobali oyo amesanaki konyokola mwasi na ye mpo été andimelaki Yesu ayaki na kotubela na kopasolaka motema na ye, mpe Nzambe Atindaki pole na lobiko, ezikisaki nzoto na mobali oyo na moto na Molimo Mosantu, mpe epetolaki nzoto na ye. Haleluyah ! Lokola moboko na bokono ezikaki, kala te moto oyo abandaki kotambola mpe kokima mbangu, mpe akomaki lisusu malamu. Ezali na tina moko te na koloba lolenge nini bandimi na Manmin bapesaki nkembo na Nzambe mpe basepelaki sima na komona mosala oyo na nkamwa na lobiko na Nzambe.

Mpona Bino Ba Oyo Bobangi Nkombo na Ngai

Nzambe na biso Azali Nzambe na nguya nioso oyo Akelaka nioso kati na Univer kaka na Liloba na Ye mpe Akelaka moto na mputulu na mabele. Mpo ete Nzambe na lolenge oyo Akoma Tata na biso, ata soki tokweyi malali, na tango tomitiki mobimba kati na kondima epai na Ye, Akomona mpe Akondima kondima na biso mpe Akobikisa bison a malamu. Ezali na eloko moko ten a mabe mma kobikisama na Lopitalo, kasi Nzambe Asepelaka na ban aba Ye oyo bandimelaka nguya na Ye ezanga suka, bakobelelaka Ye na makasi nioso, bakozwa lobiko, mpe bakopesa nkembo epai na Ye.

Kati na 2 Bakonzi 20:1-11 ezali na lisolo na Ezekias, mokonzi na Yuda, oyo akomaki na bokono na tango Asilia akotelaka bokonzi na ye, mpe azwaki lobiko na mobimba sima na mikolo misato na ye kobondela epai na Nzambe mpe bomoi na ye eyeisamaki molai sima na ba mbula zomi na mitano.

Na nzela na Mosakoli Yisaya, Nzambe Alobeli na Hizikiyah ete "Bongisa makambo na ndako nay o mpo ete okokufa, okobika te" (2 Mikonzi 20:1; Yisaya 38:1). Na maloba misusu, Hizikiya, apesamelaki ekateli na kufa wapi elobelammaki na ye ete abongamma mpona kufa na ye mpe abongisa makambo na bokonzi na ye mpe na libota na ye. Ata bongo, Hezekiya abalolaki na mbala moko elongi na ye na efelo mpe abondelaki epai na YAWE (2 Mikonzi 20:2). Mokonzi asosolaki ete bokono ezalaki mpona boyokani na ye na Nzambe, atiaki nioso na pembeni, mpe azwaki ekateli na kobondela.

Lolenge Hezekiya abondelaki makasi epai na Nzambe mpe na mpinzoli na miso, Alobelaki mpe Apesaki elaka epai na Mokonzi ete, "Nayoki mabondeli nay o, Namoni mpe mpinzoli nay o, Tala Nakobakisela mikolo nay o, ba mbula ba mbula zomi na mitano. Nakobikisa yo mpe mboka nay o na maboko na mokonzi na Asulia; Nakobundela mboka oyo." (Yisaya 38:5-6). Tokoki mpe kondimisa lolenge nini Hezekiya abondelaki na molende mpe na makasi na tango Nzambbe AAlobaki na ye ete, "Nayoki mabondeli nay o mpe mpinzoli nay o."

Nzambe oyo Ayanolaki bosenga na Hezekiya Abikisaki mokonzi na mobimba na ye mpo ete akoka kokende na tempelo na Nzambe sima na mikolo misato. Lisusu, Nzambe Abakisaki mikolo na Hezekiya na ba mbula ntuku mitano mpe, na mikolo mitikalaki na bomoi na Hezekiya, Abatelaki mboka na Yelusaleme na kokotelama na Asulia.

Mpo ete Hezekiya ayebaki malamu ete makambo na bomoi na moto mpe kufa na ye ezalaki nan se na bokonzi na Nzambe, kobondela epai na Nzambe ezalaki likambo eleki motuya epai na ye. Nzambe Asepelaki na motema na kosokema mpe na kondima na Hezekiya, Alakaki lobiko na mokonzi, mpe na tango Hezekiya asengaki elembo mpona lobiko na ye, Ayeisaki ata molili nsima matambe zomi wana esili yango kokenda liboso na etamboleli nan tango na Ahaba. Nzambe na biso Azali Nzambe na kobikisa mpe Tata oyo Apesaka mpenza na ba oyo bazali kosenga.

Na kokesana, tomoni kati na 2 ntango 16:12-13 ete "Na mbula ntuku misato na libwa na bokonzi na ye, Asa abelaki malali na makolo na ye mpe malali na ye ekomaki mabe; kasi ata na malali na ye, alukaki YAWE te, alukaki lisungi bobele na ba minganga. Asa alalaki na batata na ye, akufaki na mbula na ntuku minei na moko na bokonzi na ye." Na tango akomaka na ngwende, "Asa asalaki malamu na miso na YAWE lokola esalaki Dawidi tata na ye" (1 Mikonzi 15:11). Azalaki moto na yambo motambwisi na na bwanya kasi na lolenge akobaki na kobungisa kondima na ye epai na Nzambe mpe akomaki na komitika na koleka na bato, mokonzi akokaki lisusu te kozwa lisungi na Nzambe.

Na tango Basa, mokonzi na Yisalele, akotelaki Yuda, Asa atielaki Bne hadadi motema, ye mokonzi na Sulia, kasi na Nzambe te. Mpona oyo Asa azwaki pammela na Anani ye momoni, kasi ye alongwaki na ba nzela na ye te kasi kutu atikaki momoni kati na boloko mpe anyokolaki baton a ye moko (2 ntango 18:7-10).

Liboso na Asa kobanda kotiela mokonzi na Sulia motema, Nzambe atelemelaki mapinga na Sulia mpo ete ekoka kokotela Yuda te. Kobanda tango wapi Asa abandaki komitika na maboko na mokonzi na Sulia esika na Nzambe na ye, mokonzi na Yuda akokaki lisusu kozwa lisungi na Ye te. Lisusu, Akokaki kosepela lisusu na As ate, ye oyo alukaki lisungi na minganga esika na lisungi na Nzambe. Yango tina Asa akufaki kaka sima na ba mbula mibale, sima na ye kobetama na bokono na makolo. Ata soki Asa atatolaki kondima na ye epai na Nzambe, mpo ete atalisaki misala na yango te mpe azangaki kobelela Nzambe, Nzambe na Nguya Nioso Akokaki kosala eloko moko te mpona mokonzi.

Pole na lobiko na Nzambe na biso ekoki kobikisa bokono na lolenge nioso mpo ete bakakatani bakoka kotelema mpe kotambola, bakufi miso bakoka komona, bakufi matoi bakoka koyoka, mpe bakufi bakoka kosekwa. Na bongo, mpo ete Nzambe mobikisi azali na nguya eye ezanga suka, makasi na bokono ezali na tina moko te. Kpbanfa na bkono oyo ezali moke lokola malili na nzoto kino na cancer na somo, mpona Nzambe Mobikisi yango nioso lolenge moko. Eloko na motuya ezali motema na lolenge nini toyei na yango liboso na Nzambe. Soki ezali oyo na Asa to mpe na Hezekeya.

Tika ete boyamba Yesu Christo, bozwa eyano mpona likambo na masumu, bokoma bayengebene na kondima, bosepelisa Nzambe na motema mosekemi mpe na kondima elandisami na misala lolenge oyo na Hezekeya, bozwa lobiko na bokono na lolenge nioso, mpe na tango nioso bobika bomoi na nzoto kolongono, na nkombo na Nkolo na biso Nabondeli!

Chapitre 2

Yo Ozali na Mposa na Kobika?

Yoane 5:5-6

Moto moko azalaki wana oyo abeli malali ba mbula ntuku misato na mwambe. Yesu Amoni ye kolala wana mpe ayebaki ete aumelaki wana ntango molai; Alobi na ye ete, 'Ozali na mposa na kobika?"

Yo Ozali na Mposa na Kobika?

Ezali na ba lolenge mingi na bato oyo batikala koyeba Nzambe te, kolukaka mpe koyaka liboso na Ye. Basusu bakoyaka liboso na Ye na lolenge bazali kolanda motema na bango malamu na tango basusu bakoyaka liboso na Ye sima na koteyama Sango Malamu. Basusu bakoya kokutana na Nzambe sima na kokutana na ba kokoso na bomoi na nzela na kokweya kati na bombongo to mpe kobebana kati na libota. Mpe basusu bakoyaka liboso na Ye na motema motomoto, sima na bango konyokwama na pasi monene kati na nzoto to mpe bobangi na kufa.

Lokola mokakatani ooyo azalaki konyokwama na pasi mpona ba mbula ntuku misato na mwambe na liziba ebengami "Bethesda." Rzingamaki na makonzi mitano mizipamaki na wapi bakufi miso, balema, mpe banyokwami na nzoto basanganakii kuna mpe mpe balalaki kuna mpo ete ezalaki na lisolo ete mwanje na Nzambe akokitaka kuna mpe akoningisaka mai. Endimamaki mpe ete moto nay ambo kokota kati na liziba sima na koningana nioso na main a liziba, oyo nkombo na yango elakisi "Ndako na Mawa," akobikisama na bokono nioso azalaki na yango.

Sima na komona mokakatani na ba mbula ntuku misato na mwambe kolala pembeni na liziba, mpe nakoyeba malamu mbula boni moto yango azalaki konyokwama, Yesu Atunaki na ye ete, "Ozali nde na mposa na kobika?" Moto yango ayanolaki ete, "Nazali na moto te, Nkolo, ete atia ngai kati na liziba wana mai ekoningana; kasi ezali ngai kokoma mosusu akokita liboso na ngai" (Yoanne 5:7). Na nzela na oyo, moto atatolaki epai na Nkolo ete ata siki azalaki na bosenga malasi na kobika, akokaki na makoki na ye moko te. Nkolo na biso Amonaki motema na moto oyo, Ye Alobaki na ye ete,"Telema, kamata litoko nay o mpe tambola! Mpe na mbala moko moto yango abikaki: lokotaki litoko na ye mpe atambolaki (Yoane 5:8).

Bosengeli Kondimela Yesu Christu

Na tango moto oyo azalaki mokakatani ba mbula ntuku misato na mwambe akutanaki na Yesu Christu, azwaki lobiko na mbala moko. Lolenge ayaki kondimela Yesu Christu, moto na bomoi na solo, moto alimbisamaki na masumu na ye nioso mpe abikaki na likambo na ye.

Moko na moko na bino atungisami na bokono na ye? Soki bozali konyokwama na bokono mpe bokolikia koya liboso na Nzambe mpe bozwa lobiko, bosengeli naino koyamba Yesu Christu, bokoma bana na Nzambe, mpe bozwa kolimbisama mpona kolongola lopango nioso liboso na bino mpe Nzambe. Nde na sima bosengeli kondima ete Nzambe Azali na Nguya Nioso, Akoki kosala bikamwa. Bosengeli mpe kondima ete bosikolama na ba bokono na bino nioso na "mapipi na Yesu, mpe ete na tango bakosenga na nkombo na Yesu Christu bokozwa lobiko.

Na tango tosengi na kondima na lolenge oyo, Nzambe

Akoyoka libondeli na biso kati na kondima mpe Akotalisa mosala na lobiko. Ata soki bokono na bino eumela to mpe ezali na nsomo, tika ete botika yango nioso na maboko na Nzambe, na kokanisaka ete bokoki lisusu kokoma malamu kaka na ngonga moko oyo Nzambe na nguya Abikisi bino.

Na tango mokakatani oyo kati na Malako 2:3-12 ayokaki liboso ete Yesu ayaka na Capernaum, moto alingaki kokende liboso na Ye. Sima na ye koyoka sango na Yesu na nguya na kobikisa na bato na ba bokono na lolenge na lolenge, kobengana milimo mabe, mpe kobikisa bato na maba, mokakatani akanisaki ete soki ye mpe andimelaki akokaki mpe kozwa lobiko. Na tango mokakatani asosolaki ete akokaki kopusana pembeni na Yesu te likolo na etuluku monene na bato oyo basanganaki, na lisungi na baninga ba ye atobolaki lilusu kati na matolo na ndako na wapi Yesu azalaki kofanda mpe litoko oyo alalisamaki ekitisamaki liboso na Yesu.

Bokoki kobanza boniboni mokakatani alingaki kokende liboso na Yesu kino na esika na kosala likambo na lolenge oyo? Lolenge kani Yesu azongisaki na tango mokakatani, oyo akokaki te kokende epai na epai mpe akokaki te koningana likolo na etuluku, atalisaki kondima na ye mpe komipesa kati na lisungi na baninga ba ye? Yesu Apamelaki mokakatani te, mpona bizaleli ma ye mabe kasi na esika aAlobelaki ye ete, "Mwana, masumu mayo malimbisami," mpe Apesaki na ye nzela na kotelema mpe na kotambola na mbala moko.

Kati na Masese 8:17 Nzambe Alobeli na biso ete, "Nalingaka ba oyo bakolingaka Ngai; mpe ba oyo bakolukaka Ngai bakomonaka Ngai." Soki bolingi kosikolama na mitungisi mpe bokono, bosengeli yambo kolikia na makasi lobiko, bondima na nguya na Nzambe oyo ekoki kosilisa likambo na bokono, mpe bondimela Yesu Christu.

Bosengeli Kobuka Lopango na Masumu

Ata bondimeli mbala boni bokoki kobika na nguya na Nzambe, Akoki te kosala kati na bino soki ezali na efelo na lisumu kati na bino mpe Nzambe. Yango tina kati na Yisaya 1:15-17, Nzambe Alobeli biso ete, "Ekosembola bino maboko na bino; Nakobombela bino miso na Ngai; ata bokobondela mabondeli mingi mpenza Nakoyoka te, maboko na bino itondi na makila. Bomisukola, bomipetola, bolongola mabe na makambo masalaki bino liboso na miso na Ngai; botika kosala mabe, yekola kosala malamu,luka boyengebene, bongisa minyoko, bundanela bitike na batata,lobela mwasi-akufeli-mobali." Bongo na eteni elandi 18 Alaki ete, "Boye tolobana likambo elongo moko; YAWE Alobi bongo, Ata masumu na bino ezali motane lokola ngola, ikokoma pee lokola mbula mpembe, ata izali motane lokola makila, ikozala lokola nkunza na bampate." Tomoni mpe oyo elandi kati na Yisaya 59:1-3 ete,

Tala loboko na YAWE ezali mokuse te ete ezanga kobikisa;

litoi na Ye ezali na bozito te ete ezanga koyoka. Kasi mabe na bino makaboli kati na bino mpe Nzambe na bino; mpe masumu na bino mabombeli bino elongi na Ye ete Ayoka te. Pamba te maboko na bino mabebi na makila, mpe misapi na bino na masumu; bibebo na bino ilobi lokuta mpe lolemo na bino ebimisi mabe.

Bato oyo bayebi Nzambe te mpe bandimela Yesu Christu te, mpe bazalaka kobika ba bomoi na ba lolenge na bango moko basosola te ete bazali basumuki. Na tango bato bandimeli Yesu Christu lokola Mobikisi na bango mpe bayambi Molimo Mosantu lokola likabo, Molimo Mosantu akososolisa mokili na mabe mpona masumu mpe boyengebene mpe esambiseli, mpe bakondima mpe bakotatola ete bazali basumuki (Yoane 16:8-11).

Kasi, mpo ete ezali na bisika wapi bato bayebi ten a mozindo nini lisumu ezali, mpe bazali na makoki na kolongola lisumu mpe mabe kati na bango te mpe bazwa eyano na Nzambe, basengeli naino nini ezalaka lisumu na miso ma Ye. Mpona bokono nioso mpe malali ewutaka na lisumu, kaka na tango omitali kati nay o moko mpe obuki lopango na masumu nde okoka komona mosala malamu na kobika.

Tika biso tozinda kati na nini makomi ilobeli biso ete ezali lisumu mpe lolenge nini tosengeli kobuka lopango na lisumu.

1. Bosengeli kotubela mpona kozanga kondima

Nzambe mpe boyamba Yesu Christu.

Biblia elobeli biso ete kozanga kondima na biso mpona Nzambe mpe kozanga kondimela Yesu Christu lokola Mobikisi na biso ezali lisumu (Yoane 16:9).

Kasi bato oyo bamisosoli malamu te mpo ete bayebi Liloba na solo te- pole na Nzambe- mpe bakoki te kososola malamu na mabe.

Ata soki moto azali na makasi na kobika bomoi malamu, na tango bomoi na ye etalisami na talatala na solo, yango ezali Liloba na Nzambe na Nguya Nioso Ye oyo Akela biloko nioso kati na Univer mpe Azali kokonza bomoi, kufa, elakelami mabe, mpe lipamboli, ebele na kozanga boyengebene mpe na solo te ikomonana. Yango tina Biblia elobeli na biso été, 'Moyengebene azali te, ata moko te » (Baloma 3 :10), mpe yango été, "Mpo été moto moko te akolonga liboso na Ye mpo na misala na mibeko, ntina été bokososola masumu bobele na nzela na Mibeko" (Baloma 3 :20).

Na tango ondimeli Yesu Christu mpe okomi mwana na Nzambe sima nay o kotubela na kozanga kondimela Nzambe mpe koyamba Yesu Christu, Nzambe na Nguya –Nioso Akokoma Tata nay o, mpe na bongo bokozwa biyano na bokono nioso bozali na yango.

2. Bosengeli mpe kotubela na kozanga kolinga bandeko na bino.

Biblia elobeli na biso ete "Balingami soki Nzambe Alingaki biso boye, ekoki mpe na biso ete tolingana moto na moninga na ye." (1 Yoane 4:11). Elobeli mpe na biso ete tosengeli kolinga ata bayini na biso (Matai 5:44). Soki toyinaki bandeko na biso, tolingaki kozanga kotosa Liloba na Nzambe, mpe bongo kosumuka.

Mpo ete Yesu Atalisaki bolingo na Ye mpona bato bazalaki kobika kati na masumu mpe mabe na kobakama na ekulusu, ezali kaka malamu mpona biso ete tolinga baboti na biso, bana, mpe bandeko mibali mpe na basi. Ezali sembo ten a miso na Nzambe mpona biso koyina mpe kokoka kolimbisa te mpona koyoka mabe na pamba kati na motema likolo na bozangi kososolana moko na mosusu.

Kati na Matai 18:23-35, Yesu Apesi na biso lisese eye ete:

Bokonzi na likolo ezali lokola mokonzi oyo alingaki kobongisa makambo na baumbo na ye. Ebandaki ye kotanga mituya, bayei epai na ye na moto moko oyo azalaki na nyongo na talanta nkoto zomi. Alongaki kofuta te mpe nkolo na ye alaki ete batekisa ye esika moko na mwasi na ye mpe bana na ye mpe biloko nioso bizalaki na ye ete afuta nioso. .Bongo moumbo akumbemeli ye, alobi ete,'pesa ngai mwa ntango mpe nakofutela yo nioso. Nkolo na ye ayokeli ye mawa mpe akangoli ye mpe alimbisi ye nyongo yango. Nde moumbo yango abimi mpe azui moumbo mosusu, moko na basali na ye, oyo azalaki na ye na nyongo na mpata mokama. Akangi ye nkingo, alobi ete, 'Futa nyongo nay o! Boye mosalani na ye akwi na nse, asengi na ye ete,

'Pesa ngai mwa ntango mpe nakofiuta yo! Nde ye alingaki te, kasi akei mpe atii ye na ekangelo kino ekofuta ye nyongo. Emonaki, boumbo basalani ye likambo libimi, bayoki mpasi mingi, mpe bakei koyebisa nkolo na bango makambo nioso masili kosalema. Nkolo na ye abiangi ye mpe alobi na ye ete, ɛ, moombu mabe mpenza! Nalimbisi yo nyongo yango nioso mpo ete obondeli ngai. Ekokaki nde nay o te ete oyokela mosalani nay o mawa lokola ngai nayokelaki yo mawa? Mpe na nkanda, nkolo na ye apesi ye epai na bakambisi kino akofuta ye nyongo na ye nioso. Tata na Ngai na Likolo akosalela bino bongo soko bokolimbisa na mitema na bino moto na moto ndeko na ye te.

Ata soki tozwaki kolimbisa na Tata Nzambe na biso mpe ngolu, tozali na makoki te to na mposa ten a koyamba ba mbeba mpe bolembu na bandeko na biso te, kasi kutu tokomipesa na kotelemelana, koyinana, koyokela mabe, mpe na kotumbelana?

Nzambe Alobeli na biso ete "Moto na moto oyo akoyinaka ndeko na ye azali mobomi na bato, mpe toyebi ete moto na moto oyo akobomaka bato azali na bomoi na seko koumela kati na ye te" (1 Yoane 3:15), "Tata na Ngai na Likolo Akosalela bino bongo soko bokolimbisa na mitema na bino moto na moto ndeko na ye te" (Matai 18:35), mpe asengi na biso ete"Bofundana te, bandeko, Tala mosambisi Atelemi liboso na ekuke" (Yakobo 5:9).

Tosengeli kososola ete soki tolingaki te kasi toyinaki bandeko na biso, bongo, biso mpe, tosumuki mpe tokotondisama na

Molimo Mosantu te kasi tokokoma na pasi. Na bongo, ata soki bandeko na biso bayini mpe bayokisi biso mawa, tosengeli te koyina mpe koyokisa bango mabe na kozongisela, kasi tobatela mitema na biso kati na solo, tososola mpe tolimbisa bango. Mitema na biso misengeli kopesa libondeli na bolingo mpona bandeko oyo na mibali mpe na basi. Na tango tososoli, tolimbisi, mpe tolingani moko na mosusu kati na lisungi na Molimo Mosantu, Nzambe Akotalisa mpe na biso bolamu mpe mawa na Ye, mpe Akotalisa mosala na lobiko.

3. Bosengeli kotubela soki bobondelaka na moyimi

Na tango Yesu Abikisaki elenge mobali akangema na molimo, Bayekoli na Ye batunaki na ye ete, "Mpona nini biso tokoki kobimisa ye te?" (Malako 9:28). Yesu Azongiseli bango ete, "Motindo oyo ekoki kobima bobele na libondeli" (Malako 9:29).

Mpona kozwa lobiko na lolenge moko boye, mabondeli mpe kolela masengeli mpe kopesama. Kasi, mabondeli mpona bolamu na moto ye moko ekoki na koyanolama te mpo ete Nzambe Asepelaka na yango te. Nzambe Asenga na biso ete, "Boye soko bokoliaka, soko bokomelaka, soko bokosalaka nini, bosala nioso mpona nkembo na Nzambe" (1 Bakolinti 10:31). Na bongo, ntina na kotanga na biso mpe kokokisa koyebana to nguya masengeli kaka kozala mpona nkembo na Nzambe. Tomoni kati na Yakobo 4:2-3 ete, "Bokolukaka nde bokozuaka te; bokobomaka mpe bokoyokaka zua, nde boyebi kozua te. Bokoswanaka mpe bokobundaka etumba nde bokozuaka te mpe bokolombaka te. Ata bokolombaka, bokokamataka te mpo ete bokolombaka na nzela mabe mpona kobebisa yango na mposa na bino mabe. Kosenga mpona lobiko mpona kozala na nzoto malamu ezali mpona nkembo na Nzambe; bokozwa eyano na tango bosengi mpona yango. Kasi, soki bozwi lobiko tea ta soki bosengi mpona yango, yango ekoki kozala mpo ete bokoki kolikia oyo ezali na malamu te kati na solo ata soki Nzambe Alingi kopesa bino ata makambo maleki minene na ba mbla mingi koleka.

Kasi libondeli na lolenge nini Nzambe Akosepelaka na yango? Lokola Yesu kati na Matai 6 :33 elobeli biso été, « Kasi luka naino bokonzi na Nzambe mpe boyengebene na Ye, mpe biloko nioso ikopesamela bino, » esika na komitungisa mpona bilei, bilamba, mpe makambo na bongo na bongo, tosengeli naino kosepelisa Nzambe na kopesaka mabondeli mpona bokonzi mpe bosembo na Ye, mpe mpona Sango Malamu mpe kobulisama. Kaka wana nde Nzambe Akoyanola ba mposa na motema na bino mpe Akopesa lobiko na solo na bokono na bino.

4. Bosengeli kotubela soki bobondelaki kati na tembe

Nzambe Asepelaka na libondeli etalisi kondima na moto.

Na oyo tomoni kati na Baebele 11:6 ete, "Soko na kondima te, ekoki na kosepelisa Nzambe te. Mpo ete ekoki na babelemi na Nzambe ete bandima Azali mpe ete Akozongisa libonza epai na bango bakolukaka Ye." Na lolenge moko, Yakobo 1:6-7 eyebisi biso ete, "Kasi asenga na kondima, abeta ntembe te mpo ete ye oyo akobetaka tembe azali lokola mbonge na mai kopusama na mopepe mpe kotambola-tambola epai na epai. Moto na motindo yango abanza te ete akozua eloko epai na Nkolo."

Mabondeli mapesami kati na tembe etalisi kozanga kondima na moto epai na Nzambe na Nguya Nioso, kotiola nguya na Ye, mpe kotalisa Ye lokola Nzambe Azanga makoki. Bosengeli kotubela na mbala moko, bolanda ba tata na kondima, mpe bobondela makasi mpe na molende mpona kozwa kondima na wapi bokoki kondima kati na motema na bino.

Mbala mingi kati na Biblia, tomoni été Yesu Alingaki ba oyo bazalaki na kondima monene, Aponaki bango lokola basali na Ye, mp eatambwisaki mosala na Ye elongo mpe na bango. Na tango bato bazalaki na makoki ten a kotalisa kondima na bango, Yesu Apamelaki ata bayekoli na Ye mpona kondima na bango moke (Matai 8:23-27). Kasi Akumisaki mpe Alingaki ba oyo na kondima monene ata soki bazalaki Bapagano (Matai 8:10).

Bobondelaka lolenge nini mpe kondima na lolenge nini bozalaka na yango? Kapitene na basoda kati na Matai 8:5-13 ayaki epai na Yesu mpe Atunaki na Ye ete Abikisa mosali na ye oyo alalaki na nzoto na kokangama mpe na mpasi makasi mingi. Na tango Yesu Alobaki na kapitene ete, "Ngai Nakoya kobikisa ye," kapitene azongiselaki Ye ete, "Nkolo, nakoki te ete Oingela nan se nan samba na ngai; kasi loba bobele liloba mpe mosali na ngai akobika," mpe atalisaki Yesu kondima na ye monene. Sima na koyoka liloba na kapitena, Yesu Asepelaki mpe Akumisaki ye ete, "Solo, Nazali koloba na bino ete nakuti kondima na bongo ata kati na Yisalele te." Mosali na kapitena na basoda abikaki kaka na ngonga wana.

Kati na Malako 5:21-43 ekomami mpona ngonga na mosala na kokamwisa na lobiko. Na tango Yesu Azalaki kati na mai na monana, moko na batambwisi na lingomba na Bayuda na nkombo na Yailo ayaki epai na Ye mpe akweyaki na makolo na Ye. Yailo Alelaki epai na Yesu ete. "Mwana mwasi na ngai abelemi kokufa; Yaka kotiela ye maboko na Yo ete Abika mpe azala na bomoi."

Lolenge Yesu Azalaki kokende elongo na Yailo, mwasi oyo azalaki kotanga makila mpona ba mbula zomi na mibale ayaka epai na Ye. Anyokwamaka makasi nan se na kolandelama na minganga mingi mpe abebisaki nioso azalaki na yango, kasi esika na kokoma malamu akomaki mabe na koleka.

Mwasi yango ayokaki ete Yesu Azalaki penepene mpe kati na etuluku na bato oyo bazalaki kolanda Yesu, Ayaki na nsima na Ye mpe asimbaki elamba na Yesu. Mpo ete mwasi andimaki ete soki kaka nasimbaka elamba na Ye nakokoma malamu," na tango mwasi yango atiaki loboko na ye na elamba na Yesu, na mbala moko kotanga na makila na ye ekaukaki; mpe ayokaki kati na nzoto na ye ete abikaki na kotungisama na ye. Na mbala moko Yesu, Amonaki ete kati na Ye nguya ebimaki, Abalukaki kati na ebele mpe alobaki ete, "Nani asimbi elamba na Ngai?" Na tango mwasi atatolaki solo, Yesu Alobelaki mwasi yango ete, "Mwana mwasi, kondima na yo esili kobikisa yo; kenda na kimia, zala na nzoto malamu mpe na pasi na yo lisusu te" Apesaki na mwasi yango lobiko mpe nzoto malamu..

Na tango wana baton a ndako na Yailo bayaki mpe balobaki ete, "Mwana mwasi nay o akufi." Yesu Apesaki makasi na Yailo mpe Alobaki na ye ete, "Bngate, ndima kaka," mpe akobaki na nzela na ndako na Yailo. Kuna, Yesu Alobelaki bato ete, "mwana akufi te kasi alali mpongi," mpe Alobaki na mwana mwasi ete, 'Talita koumi!' (Yango elakisi ete "mwana mwasi moke, Nalobi nay o, telema!"). Mwana mwasi atelemaki na mbala moko mpe abandaki kotambola.

Bondima ete na tango bokosengaka kati na kondima, ata bokono makasi ekoki kobikisama mpe mokufi akoki kosekwa. Soki bobondelaki na tembe kino na esika oyo, bozwa lobiko mpe bozala makasi na kotubelaka lisumu yango.

5. Bosengeli kotubela mpona kozanga kotosa mibeko na Nzambe

Kati na Yoane 14:21, Yesu Alobeli na biso ete, "Oyo azali na malako na Ngai mpe azali kotosa yango, ye wana azali molingi na Ngai; molingi na Ngai akolingana na Tata na Ngai mpe Nakolinga ye mpe Nakomimonisa epai na ye." Kati na 1 Yoane

3:21-22 tososolisami lisusu ete, "Balingami soko mitema na biso mikokeisaka biso te, tozali na molende liboso na Nzambempe soko tokolomba eloko nini, tokozua yango epai na Ye mpo ete tokokolisa malako na Ye mpe tokosalaka makambo mazali malamu na miso ma Ye." Mosumuki akoki kozala na makasi liboso na Nzambe te. Kasi, soki mitema na biso mizali na lokumu mpe na mbeba moko ten a tango epimami na talatala na Liloba na solo, tokoki kosenga na molende eloko nioso epai na Nzambe.

Na bongo, lokola bandimi na Nzambe, bosengeli koyekola mpe kososola Mibeko Zomi, yango izali lokola liboke na ba buku ntuku motoba na motoba kati na Biblia, mpe bososola eteniboni kati na bomoi na bino etosaki yango te.

 I. Ngai natikala kozala na banzambe misusu te liboso na Nzambe?

 II. Bongo ngai natikala komisalela bikeko te kati na ngai, lokola : bana, nzoto malamu, bombongo, mpe bongo na bongo, mpe nangumbamelaki yango ?

 III. Ngai Natikala kokamata nkombo na Nzambe pamba te ?

 IV. Bongo nabatela mokolo na Sabata bulee na tango nioso?

 V. Ngai nakumisa baboti na ngai tango nioso ?

VI Ngai natikala koboma na mosuni mpe na molimo te na tango nayinaka bandeko na ngai mibali mpe na basi to mpe namemaki bango na kosumuka ?

VII. Ngai natikala kosala ekobo te, ata kati na motema na ngai ?

VIII. Ngai natikala koyiba te ?

IX. Ngai natikala kozala motatoli na lokuta te ata mpona mozalani na ngai ?

X. Ngai natikala kolula biloko na mozalani na ngai te ?

Lisusu, bosengeli kotala sima mpe botala soki bobatelaki mibeko na Nzambe na kolingana bazalani na bino lokola bokomilingaka bino moko. Na tango bozali kotosa mibeko na Nzambe mpe bokosenga epai na Ye, Nzambe na nguya Akobikisa bokono nini mpe nioso.

6. Bosengeli kotubela mpo ete bolonaki kati na Nzambe te.

Lokola Nzambe Akonzaka eloko nioso kati na umiver, Atia mibeko mpona mokili na molimo mpe, lokola mosambisi na sembo Atambwisaka mpe akambaka makambo nioso kolandana na yango.

Kati na Daniele 6, Mokonzi Dalio atiamaki kati na esika na kokoso wapi ye akokaki kosunga molingami mosali na ye Daniele ten a libulu na nkosi, ata soki azalaki mokonzi. Mpo ete asilaki kotia mobeko na mokoloto na ye moko, Dalio akokaki te kobuka mobeko oyo ye moko atiaki. Soki mokonzi azalaki moto na liboso na kobebisa mobeko mpe kotosa yango te, nani akokaki komikitisa mpona kosalela ye? Yango tina, ata soki molingami mosali na ye Daniele akomaki pembeni na kobwakama kati na libulu na nkosi mpona mayele na bato mabe, ezalaki na eloko moko te Dalio akokaki kosala.

Na lolenge moko, lokola Nzambe Abukaka malako mpe aboyaka kotosa mibeko eye Ye moko Atia, eloko nioso kati na univer etambwisaka na molongo esengela nan se na bokonzi na Ye. Yango tina ete, "Bomikosama te, batiolaka Nzambe te; soki moto akobuka nini, akobuka bobele yango" (Bagalatia 6:7).

Na lolenge bokolonaka kati na mabondeli, bokozwaka biyano mpe bokokola kati na molimo, mpe moto na kati na bino ekoyeisama makasi, mpe molimo ekoyeisama sika. Soki bozalaki na bokono to mpe bozalaki na bokakatani kasi sasaipi bokolonaka tango na bino kati na bolingo na bino mpona Nzambe na koyanganaka na mayangani nioso kati na esengo, bokozwa mapamboli nan a nzoto malamu mpe bokozanga te komona mbongwana kati na nzoto. Soki bokolona nkita kati na Nzambe, Akobatela mpe kobomba bino na mimekano mpe lisusu akopesa na bino mapamboli na misolo mingi na koleka.

Na kososolaka boni malamu ezali kolona kati na Nzambe, na tango bolongoli elikia mpona mokili oyo esengeli na kobeba mpe na kokufa kasi bobandi kotondisa mabonza na bino na Lola kati na kondima na solo, Nzambe na Nguya Nioso Akomema bino kati na bomoi na kofuluka na tango nioso.

Elongo na Liloba na Nzambe, totali kino awa nini ekoni efelo kati na Nzambe mpe na moto, mpe mpo nini tozali kobika kati na kotungisama na bokono. Soki bondimelaki Nzambe te mpe bonyokwamaki na ba malali, bondimela Yesu lokola Mobikisi na bino mpe bobanda bomoi kati na Christu. Bang ate bango oyo bakoki koboma nzoto. Kasi, na kobangaka oyo akoki kokatela mosuni mpe molimo kati na lifelo, batela kondima na bino kati na lobiko na Nzmabe kati na minyokoli na baboti na bino, bandeko na bino, mwasi to mobali, babokilo na bino, mpe bato misusu. Na tango Nzambe Andimi kondima na bino, Akosala mpe bino bokoki kozwa ngolu na lobiko.

Soki bozali bandimi mpe bonyokwami na bokono, bomitala bino mpenza mpona koyeba soki eteni na mabe etikali kati na bino, lokola koyina, zua, likunia, bozangi sembo, bilulela, moyimi, makambo mabe, koboma, kowelana, kotonga, kokosela, lolendo, mpe bongo na bongo. Na kobondelaka epai na Nzambe mpe na kozwaka bolimbisi kati na bolamu mpe mawa na Ye, bozwa mpe eyano na likambo na bokono na bino.

Ebele na bato bamekaka kokakola Nzambe. Balobaka ete soki Nzambe Abikisi naino bokono na bango mpe malali na bango, bakondimela Yesu mpe bakolanda Ye malamu. Ata bongo, mpo ete Nzambe Ayebi moboko na motema na moto na moto, kaka sima na kopetola baton a molimo wana nde Akobikisa moko na moko na bokono na nzoto.

Na kososolaka ete makanisi na moto mpe makanisi na Nzambe makesana, tika ete botosa naino mokano na Nzambe mpo ete molimo na bino mozala malamu lokola bokozwaka mapamboli na lobiko na bokono na bino, na nkombo na Nkolo Nabondeli!

Chapitre 3

Nzambe Mobikisi

Esode 15:26

Soko okoyoka mongongo na YAWE Nzambe nay o, mpe kosala yango ezali sembo na miso na Ye, mpe kotosa mibeko na Ye mpe kobatela mibeko na Ye nioso, mbele Nakotiela yo malali moko te matiaki Ngai na Baejipito, mpo ete Ngai Nazali YAWE Mobikisi nay o

Mpo Nini Bato Bakozwaka Malali?

Ata soki Nzambe Mobikisi Alingi bana nioso ba Ye babika bomoi na nzoto malamu, ebele kati na bango bazali konyokwama na pasi na bokono, na kokoka te kosilisa likambo na bokono. Kaka lolenge ezali na tina mpona likambo nioso, ezali na ntina mponabokono nioso mpe lokola. Mpona bokono nioso ekoki kozwa lobiko soki ntina na yango eyebani malamu, mpe ba oyo balingi kozwa lobiko basengeli naino koyeba ntina na malali na bango. Elongo na Liloba na Nzambe kati na Esode 15:26, tosengeli kozinda kati na ntina na bokono, mpe ba nzela nini tokoki kokangolama na ba bokono yango mpe tobika bomoi na nzoto malamu.

"YAWE" ezali nkombo mpona Nzambe, mpe yango elakisi "NAZALI OYO AZALI" (Esode 3:14).Nkombo mpe etalisi ete bikelamo nioso mizali nan se na bokonzi na Nzambe Oyo Aleki na Lokumu. Na lolenge Nzambe Amitalisi lokola YAWE oyo Abikisaka yo" (Esode 15:26), toyekoli mpona bolingo na Nzambe eye esikolaka bison a pasi na bokono mpe nguya na Nzambe iye ibikisaka bokono.

Kati na Esode 15:26, Nzambe Alaki na biso ete, "Soko okoyoka mongongo na YAWE Nzambe nay o, mpe kosala yango ezali sembo na miso na Ye, mpe kotosa mibeko na Ye mpe kobatela mibeko na Ye nioso, mbele Nakotiela yo malali moko te matiaki Ngai na Baejipito, mpo ete Ngai Nazali YAWE Mobikisi nay o." Bongo, soki bozwaki bokono, etalisi elembo na bino na kozanga koyoka na bokebi mongongo na Ye, na kozanga kosala oyo ezalaki malamu na miso ma Ye, mpe na kozanga kolandela mibeko ma Ye.

Mpo ete bana na Nzambe bazali baton a Lola, basengeli kobika kati na mibeko na Lola. Kasi, soki baton a Lola bakotosaka mibeko ma Ye te, Nzambe Akoka kobatela bango te mpo ete lisumu ezali kozanga mobeko (1 Yoane 3:4). Bongo, mapinga na bokono makokotela, kotikaka bana na Nzambe bazangi kotosa kati na kotungisama na bokono.

Tika totala na mozindo ba nzela wapi biso tokoki kozwa malali, tina na bokono, mpe lolenge nini nguya na Nzambe Mobikisi ekoki kobikisa ba oyo kati na biso banyokwami na bokono.

Esika Wapi Moto Akwei Malali Mpona Lisumu na Ye

Kati na Biblia, Nzambe Alobeli na biso mbala na mbala ete ntina na bokono ezali lisumu. Yoane 5:14 etani ete, "Sima na makambo oyo, Yesu Akuti ye kati na Tempelo mpe Alobi na ye ete, 'Tala, osili kobika sala lisumu lisusu te ete likambo lilelki mabe likwela yo te.'" Eteni oyo ekanisisisi biso ete soki moto yango asengelaki na kosumuka, akokaki kozwa malali na bokono eleki makasi na oyo azalaki na yango liboso, mpe lisusu ete na lisumu, bato bakokweyaka malali.

Kati na Dutelonome 7:12-15, Nzambe Alaki na biso

ete "Pamba te bino bokoyoka minoko oyo mpe bokobatela yango mpe bokosala yango, YAWE Nzambe nay o akobatela kondimana mpe bolingo oyo esimbaki Ye ndai epai na batata nay o ete Akobatela yango. Akolinga yo mpe Akopambola yo mpe Akofulisa yo. Akopambola mpe bana na nzoto nay o mpe mbuma na elanga nay o, masango nay o mpe vinyo nay o mpe mafuta nay o, mpe bana na bangombe nay o mpe bana na bampate nay o, kati na mokili oyo Ye Asimbeli batata nay o ndai ete Akopesa yo. Yo okopambolama na koleka mabota nioso. Mobali to mwasi azangi kobota akozala kati na bino te mpe kati na bibwele na bino te. YAWE Akolongola kobela nioso na bino, mpe malali mabe na Ejipito moko te, oyo eyebaki bino ekokwela bino, kasi Akotia yango na bango nioso bayini yo." Kati na ba oyo bayini ezali na mabe mpe masumu, mpe bokono ekomemelana bango baton a lolenge oyo.

Kati na Dutelonome 28, eye eyebana lokola chapitre na Lipamboli," Nzambe Alobeli na biso mpona mapamboli na lolenge nini biso tokozwaka na tango tozali kotosa na mobimba Nzambe na biso mpe tolandi na kokeba mibeko ma Ye nioso. Ye Alobeli mpe na biso bilakeli mabe na lolenge nini iye ekoyela biso mpe ekoleka biso soki tokolandaka na bokebi te mibeko ma Ye nioso mpe malako.

Mingi mingi mitalisami na mozindo ezali bokono na lolenge nini tokosimbama soki tozangi kotosa Nzambe. Mizali bolozi; bokono na kotanga; nzoto moto;

Ndakisa Esika Oyo Moto Akwei Malali Ata Soki Akanisi Te Ete Ye Asumukaki

Bato misusu bakobaka ete ata soki basumukaki te, bakobaki na kozala malali. Kasi, Liloba na Nzambe elobeli biso ete soki tosali oyo ezali malamu na miso na Nzambe, soki tokobateka malako ma Ye nioso, mbele Nzambe Akobeta bison a bokono moko te. Soki tokweyaki na malali, tosengele koyeba ete na esika moko tosalaki te nini ezalaki malamu na miso ma Ye mpe tobatelaki mibeko ma Ye te.

Nini bongo, lisumu eye ekomemaka ba bokono?
Soki moto akosalelaka nzoto oyo Nzambe Apesaki na ye na komikanga moko te to mpe na ekobo, azangaki kotosa mibeko ma Ye, asalaki ba mbeba, to mpe abikaki bomoi na kozanga molongo, akomitiaka ye moko mpenza na likama monene na kokweya malali. Ekokota mpe kati na molongo na bokono na desordre gastrique na kolekisa to mpe na biliabila, bokono na pomon na kokobaka na komela makaya mpe na komela masanga, mpe na ebele na ba bokono na kosalelaka mingi nzotona moto.

Na miso na moto yango ekoki kozala lisumu te, kasi na miso na Nzambe yango ezali lisumu. Bilambo na lokoso ezali lisumu mpo ete yango ekotalisa moyimi kati na moto mpe bozangi makoki na komikanga ye mpenza. Soki moto akwei malali mpona bilibilia, lisumu na ye ezali kkaa te ete ye akambaki bomoi na mokolo na mokolo to mpe abatelaki ngonga na ye na kolia, kasi asaleli mabe nzoto na ye na kozanga komikanga. Soki moto azwi malali sima na kolia bilei eye naino ebelaki te, lisumu na ye ezali kozanga kozela- kozanga kosala kolandana na solo.

Soki moto akosalela mbeli na kozanga bokebi mpe akomikata, mpe mpota ekomi kobeba, yango ezali mpe lifuti na lisumu na ye. Soki solo alingaka Nzambe, Ye Alingaki kobatela moto yango na tango nioso na makama. Ata soki asalaka mbeba, Nzambe Alingaki kobimisela ye nzela na kobimela, mpo ete Asalaka mpona bolamu na bato oyo bakolingaka Ye, nzoto elingaki kozwa pasi te. Ba mpota mpe kozoka elingaki komemana mpo ete asalaki nokinoki kasi kati na bosembo te, yango nioso ezalaki sembo na miso na Nzambe te, nde boye ekomisi misala ma ye kosumuka.

Mobeko moko wana esalelamaka mpona komela makaya mpe masanga. Soki moto ayebi ete komela makaya ekomema milinga kati na makanisi na ye, kobebisa ba brochite na ye, mpe ekomemaka cancer kasi akobi na kozanga kotika, mpe soko moto ayebi ete toxique kati na masanga ekobebisaka mosomba na ye mpe ekobebisaka biteni kati na nzoto na ye, kasi azali na makoki na kotika te, yango ezali makambo na masumu. Etalisi makoki maye na kozanga komikanga mpe moyimi na ye, bozangi bolingo na ye mpona nzoto na ye, mpe ye azangi kolanda mokano na Nzambe. Boni makambo mana masala masumu te?

Ata soki tozala na kondima te ete ba bokono nioso mizalaki lifuti na lisumu, tokoki sasaipi koyeba solo mpona yango sima na kotalaka makambo ebele mpe kopima yango na Liloba na Nzambe. Tosengeli tango nioso kotosa mpe kobika na Liloba na Ye mpo ete tokoka kosikolama na bokono. Na lolenge mosusu, na tango tokosalaka oyo ezali malamu na miso na Ye, tokolandaka malako ma Ye, mpe tokobatelaka nioso na Ye, Akobatelaka mpe Akozipa bison a bokono na tango nioso.

Ba Bokono Oyo Eyaka Mpona Misisa to mpe Ba desordre Kati na Bongo

Ba statistique elobeli na biso ete bato konyokwama na ba nerf to mpe ba desordre misusu na ba bongo ezali na komata. Soki bato bayebi kozela lolenge Liloba na Nzambe elobi na biso, mpe soki bango bakolimbisaka, bakolinga, mpe bakososola kolandana na solo, bakoki na pete kosikolama na ba bokono na lolenge oyo. Ata bongo, etikali na mabe kati na mitema na bango mpe mabe yango ekopekisaka bango na kobika kati na Liloba. Komitungisama na makanisi yango ekobebisaka biteni misusu na ba nzoto mpe systeme imunitaire, mppe sukasuuka komema moto na bokono. Na tango tobiki kolandana na Liloba, ba emotion na biso ekopelaka te, tokokoma baton a motomoto te, mpe makannisi na biso makozala na komata te.

Ezali na ba oyo pembeni na biso oyo bakomonanaka mabe te kasi malamu, kasi ata bongo bakonyokwamaka na ba bokono na lolenge oyo. Mpo ete bakomikangaka bango mpenza na komonana na bato nioso mpe na ba emotion, bakonyokwamaka na ba bokono maleki makasi koleka ba oyo batalisaka nkanda mpe kosilika na bango mpenza. Bolamu kati na solo ezali agonie mpona kowelana kati na ba emotion te; ezali kutu komisosola kati na kolimbisama mpe bolingo na kosepelaka na komikanga mpenza mpe na molende.

Lisusu, bayebi malamu ete bazali kosumuka, bakoyaka na konyokwama na bokono kati na bongo mpe na komitungisama mpe na komibebisa bongo. Mpo ete bango bakosalaka kati na bolamu te kasi bakwei mpenza kati na mabe, konyokwama na bango ekomemaka bokono. Tosengeli koyeba ete likambo na ba nerf mpe ba desordre misusu kati na bongo eyaka mpona moto ye moko, eyaki mpona ba nzela na biso moko na bolema mpe na mabe. Ata kati na likambo oyo, Nzambe na bolingo Akobikisa bango nioso oyo bakolukaka Ye mpe bakoluka kozwa lobiko na Ye. Lisusu, Akopesa bango mpe elikia na Lola mpe aAkondimela bango ete baingela kati na kosepela mpe bolamu na solo.

Ba Bokono na Moyini zabolo mizalaka mpe mpona lisumu

Bato misusu bakangema na Satana mpe bakonyokwamaka na ba bokono nioso moyini zabolo akobwakelaka bango. Yango ezali mpo ete babwakisaki mokano na Nzambe mpe bakendaki mosika na solo. Tina mpona ebele na bato oyo bazali kobela, bakakatani na nzoto, bakangemi na milimo mabe kati na mabota oyo bangumbamela bikeko mingi mpenza ezali mpo ete Nzambe Ayinaka bongumbameli na bikeko.

Kati na Esode 20:5-6 tomoni ete,
"Okokumbamela yango te to kosalela yango te, mpo ete Ngai YAWE Nzambe nay o Nazali Nzambe na zua na kobatela, Nakokitisa mabe na batata likolo na bana kino libota na misato mpe na minei na baoyo bakoyinaka Ngai. Nde Nakomonisa boboto na bato nkoto na nkoto baoyo bakolingaka Ngai mpe bakotosaka mibeko na Ngai." – Apesa na biso mobeko makasi, kopekisaka bison a kongumbamela bikeko. Kati na Mibeko Zomi oyo Apesaka na biso, na ba mibeko mibale na ebandeli-ete: "Okozala na bannzambbe misusu liboso na Ngai te" (v. 3)(et.3) andmpe "Okosala ekeko mpona yo te, soko elilingi na eloko na lola na likolo te, na mokili nan se te, to na main a nse namokili te" (et. 4) –Tokoki koloba lolenge nini Nzambe Ayinaka kongumbamela bikeko.

Soki baboti bazalngi kotosa mokano na Nzambe mpe bangumbameli bikeko, bana na bango bakolanda solo lokolo na bango. Soki baboti bakotosaka Liloba na Nzambe te mpe bakosalaka mabe, bana na bango bakolandaka bango mpe bakosala mabe. Na tango lisumu na kozanga kotosa ekomi na mabota na misato mpe na minei, lokola lifuti na masumu, bakitani na bango bakonyokwama na ba bokono oyo moyini zabolo akopesa na bango.

Ata soki baboti bangumbamelaki bikeko kasi soki bana na bango, longwa na bolamu kati na mitema na bango, basangumbameli Nzambe, Akotalisa bolingo mpe mawa mpe Akopambola bango. Ata soki bato bazali solo konyokwama na ba bokono oyo moyini zabolo abetaki bango sima na kotiola mokano na Nzambe mpe kolongwa na solo, na tango batubeli mpe balongwe na lisumu, Nzambe Mobikisi Akopetola bango. Basusu Akobikisa na mbala moko; basusu Akobikisa na mua nsima; mpe basusu mpe Akobikisa bango kolandana na bokoli na kondima na bango. Mosala na lobiko ekosalema kolandana na mokano na Nzambe; soki bato bazali na mitema mikombongwanaka ten a miso ma Ye, bakobikisama na mbala moko; kasi, soki mitema na bango mizali mabe, bakobikisama na sima na mikolo.

Tokosikolama na ba bokono na tango tobiki kati na kondima

Mpo ete Mose azalaki na bopolo mingi koleka moto nioso na nse na moi (Mituya 12 :3) mpe ye azalaki sembo kati na ndako mobimba na Nzambe, azalaki mosali na sembo na Nzambe (Mituya 12 :7). Biblia elobeli mpe na biso ete na tango Mose Akufaki na mbula nkama moko na ntuku mibale, miso ma ye milembaki te to mpe makasi na ye ekendaki te (Dutelonome 34:7). Mpona Abalayama azalaki moto atosaki na mobimba kati na kondima mpe abangaki Nzambe, abikaki kino na mbula 175

(Genese 25:7). Daniele azalaki na nzoto malamu mingi ata ete oyo aliaki ezalaki kaka ba ndunda (Daniele 1:12-16), na tango Yoane Mobatisi azalaki na nzoto makasi ata soki aliaki kaka mabanki mpe mafuta nzoi (Matai 3:4).

Moto akoki na komituna ete lolenge nini bato bakokaki kozala nzoto makasi na kolia nyama te. Kasi, na tango Nzambe Akelaka moto, Ayebisaki na ye ete Alia kaka ba mbuma. Kati na Genese 2:16-17 Nzambe Alobeli na moto ete, "Yo okoki kolia mbuma na nzete nioso na elanga, nde mbuma na nzete na koyeba malamu mpe mabe okoki kolia yango te. Pamba te mokolo okolia yango okokufa solo." Sima na kozanga kotosa na Adamu, Nzambe Asalaki ete alia kaka ba ndunda na elanga (Genese 3:18), mpe na lolenge lisumu elutaki kati na mokili oyo, sima na kosambisama na mpela, Nzambe Alobelaki Noa kati na Genese 9:3 ete, "Nyama nioso na bomoi yango ikotambolaka, ikozala na bino kolia, mpe lokola Nasili kopesa bino ndunda nioso, Nazali kopesa bino biloko nioso." Lolenge moto akobaki na mabe, Nzambe Apesaki bango nzela na kolia nyama, kasi bilei nioso na mabe te (Lewitiko 11; Dutelonome 14).

Kati na Kondimana na Sika, Nzambe Alobeli biso kati na Misala 15:29 ete, "Boboya biloko bipesameli bikeko, na makila, na ba nyama bakamolani, na ekobo; Soko bokomibatela na makambo oyo, bokosala malamu." Andimeli biso ete tolia bilei mizali malamu na ba nzoto na biso mpe Apesi na biso toli na koboya bilei mizali malamu te mpona biso; ekozala mpenza na lisungi mpona bison a koboya kolia to komela bilei soko nini Nzambe Asepeli na yango te. Na lolenge tokolandaka mokano na Nzambe mpe tokobika kati na kondima, ba nzorto na biso mikokoba na kokoma makasi, ba bokono ikolongwa biso, mpe malali mosusu ikokotelaka biso te.

Lisusu, tokokweya malali ten a tango tobiki kati na boyengebene kati na kondima mpo ete ba mbula nkoto mibale eleka, Yesu Christu Ayaka kati na mokili oyo mpe Amemaki mikumba na biso nioso. Lokola tondimi ete na kotangisaka makila ma ye, Yesu Asikoli bison a masumu na biso mpe na mapipi ma Ye mpe na komemaka makakatani na biso (Matai 8:17) biso tobikisami, ekosalemela biso kolandana na kondima na biso (Yisaya 53:5-6; 1 Petelo 2:24).

Liboso na biso kokutana na Nzambe, tozalaki na kondima te. Tozalaki kobika kati na kolanda ba mposa na lolenge na bison a basumuki mpe tozalaki konyokwama na ba bokono na lolenge na lolenge likolo na masumu na biso. Na tango tozali kobika kati na kondima mpe tozali kosala nioso kati na bosembo, tokopambolama na mapamboli na nzoto malamu.

Lolenge makanisi ikozala malamu, nzoto mpe ekozala malamu. Lokola tozali kobika kati na boyengebene mpe tokosala koolandana na Liloba na Nzambe, ba nzoto na biso ekotondisama na Molimo mosantu. Ba bokono ikolongwa biso mpe na lolenge ba nzoto na biso ekozwa nzoto makasi, bokono moko te ikokotela biso. Mpo été ba nzoto na bisoo mikozala na kimia, ikoyoka pepele, na esengo mpe na nzoto malamu, tokozala na bosenga na eloko te kasi tokopesa kaka matondi mpo été Nzambe Apesi na biso nzoto malamu.

Tika ete bino bosala kati na boyengebene mpe kati na kondima mpo ete lolenge molimo na bino ekotambola malamu, bokobikisama na ba bokono na bino nioso mpe na makakatani, mpe boozwa nzoto malamu! Tika ete bino mpe bozwa ebele na bolingo na Nzambe lolenge bozali kotosa mpe kobika kati na Liloba na Ye- nioso oyo na nkombo na Nkolo na biso Nabondeli!

Chapitre 4

Na Mapipi Ma Ye Biso Tobikisami

Yisaya 53:4-5

Solo Akumbi pasi na biso mpe Amemi mawa na biso; nde totangi ete epesameli etumbu ete abetami na Nzambe mpe Anyokolami. Kasi Azokisami mpona masumu na biso, Atutami mpona mabe na biso; etumbu oyo eyeiseli biso kimia etiami epai na Ye, mpe na mapipi na ye biso tobikisami

Yesu Lokola Mwana na Nzambe Abikisi Ba Bokono Nioso

Lolenge bato bakotambwisaka bomoi nabango moko, bakokutanaka na makambo na ba lolenge na lolenge. Kaka lolenge main a monana ezalaka tango nioso na kimia, kati na main a bomoi ezalaka na ebele na makambo kotiola lokola mokele longwa na ndako, mosala, bombongo, bokono, misolo, mpe bongo n bongo. Ekozala kolekisa ndelo te koloba ete kati na mitungisi oyo na bomoi, eloko na motuya koleka ezali bokono.

Libanda na ebele na misolo mpe na mayebi moto akoki kozala na yango, soki abetami na bokono na nsomo mingi biloko nioso mpona oyo asalelaki kati na bomoi na ye mobimba ekozala pamba soko kaka fulufulu. Na ngambo moko, tomoni ete lolenge mokili na biloko ekoluta, mposa na moto mpona misolo mpe ekomataka. Na ngambo mosusu, ata soki mayele emati mingi mpe mayele na minganga ekoli, ba bokono na sika mpe-oyo wapi mayele na bato izali pamba- mikobi na komonanaka mpe motuya na bato oyo bazali konyokwama ekoli na komata. Tango mosusu yango ezali mpo nini na lelo ezali kutu na kobetisa sete na koleka mpona makambo na nzoto malamu.

Konyokwama, bokono, mpe kufa- nioso wana euti na masumu- elekeli mayele na moto. Lolenge esalaki Ye na tango na Kondimana na Kala, Nzambe Mobikisi Atalisi na biso lelo nzela wapi bato oyo bandimeli Ye bakoki kobikisama na ba bokono, kati na kondima na bango na Yesu Christu. Tika ete totala kati na Biblia mpe tomona mpo nini tozwaka biyano namakambo na bokono mpe tobikaka bomoi na nzoto malamu na kondima na biso kati na Yesu Christu.

Na tango Yesu atunaki Bayekoli ba Ye ete, "Nani bino bolobi ete Ngai Nazali?" Simina Petelo ayanolaki ete, "Yo ozali Christu, Mwana na Nzambe na Bomoi" (Matai 16:15-16). Eyano oyo emonani mpenza pete, kasi yango mpe etalisi mpenza été kaka Yesu nde Christu.

Na tango na Ye, ebele na bato balandaka Yesu mpo ete Abikisaki na mbala moko bato oyo bazalaki kobela. Bazalaki mpe bakangami na milimo mabe, baton a malady nan deke, bakakatani, mpe banyokolami misusu na ba bokono na lolenge na lolenge. Na tango baton a maba, baton a moto na nzoto, batambolaka te, bakufi miso, mpe basusu babikaki na kosimbama na Yesu, bakomaki kolanda Ye mpe kosalela Ye. Boni kitoko komona likambo oyo ezalaki? Na komonaka bikamwa oyo mpe bikamwiseli oyo, bato bandimaki mpe bayambaki Yesu, bazwaki biyano na makambo na bomoi na bango, mpe babeli bamonaki mosala na lobiko. Lisusu, kaka lolenge Yesu Abikisaki baton a tango na Ye, moto nani nani oyo ayei epai na Yesu akoki mpe kozwa lobiko na lelo.

Moto oyo akesanaki mpenza te na mokufi makolo ayaka na Mayangani na Butu Mobimba na Mokolo na Mitano kala te sima na kobandisama na Lingomba oyo. Sima na kokutana na likama na motuka, moto yango azwaka therapy mpona tango molai kati na lopitalo.

Kasi mpo ete, tendon kati na lokolo na ye eyeisamaki molai, akokaki lisusu te kongumba lokolo na ye mpe mpo ete eteni nan se na lokolo na ye ekokaki koningana te, ekokaki te mpona ye kotambola. Lokola azalaki koyoka Liloba eteyamaki, alikiaki na koyamba Yesu Christu mmpe na kobikisama. Na tango nabondelaki makasi mpona moto yango, atelemaki na mbala moko mpe abandaki kotambola mpe kokima mbangu. Kaka lolenge moto akufa makolo pembeni na ekuke na Tempelo ebengami Kitoko atelemaki na makolo ma ye mpe abandaki kotambola sima na libondeli na Petelo (Misala 3:1-10), mosala na bikamwa na Nzambe etalisamaki.

Yango etalisami lokola elembo ete nani nani akondimela Yesu Christu mpe Azwi kolimbisama na Nkombo na Ye akoki kobikisama na mobimba na ba bokono na ye nioso- ata soki ikokaki kobikisama na makoki na minganga te- lokola nzoto na ye eyeisami sika mpe ezongisami malamu. Nzambe oyo Azali lolenge moko lobi mpe lelo mpe libela na libela (Baebele 13:8) Asalaka kati na bato oyo bandimeli Misala ma Ye mpe bakolukaka kolandana na etape na kondima na bango, mpe Abikisaka ba bokono na ndenge na ndenge, kofungola miso na bakufi miso, mpe Atelemisaka bakufi makolo.

Moto nioso oyo andimeli Yesu Christu, alimbisamaki na masumu ma ye nioso, mpe akomi mwana na Nzambe asengeli sasaipi kobika bomoi na bonsomi.

Tika sasaipi biso totala mna mozindo mpo nini moko na moko na biso bakoki kobika bomoi nzoto malamu na tango toyei kondimela Yesu Christu.

Yesu Abetamaki Fimbo mpe Atangisaki Makila ma Ye

Liboso na kobakama na Ye na ekulusu, Yesu Abetamaki fimbo epai na Basoda na Baloma mpe Atangisaki makila ma ye kati na lopango na Pnce Pilato. Basoda na Baloma na ekeke na Ye bazalaki na ba nzoto makasi, makasi mingi, mpe bakembisamaki malamu na mosala na bango. Pamba te, bazalaki basoda na Bokonzi oyo ekonzaka mokili mobimba na tango na Ye. Pasi makasi oyo Yesu Andimaka nna tango basoda makasi ooyo balongolaki Ye bilamba mpe babetaki Ye fimbo ekoki mpenza ten a kolimbolama na maloba. Na kobetama fimbo moko, fimbo ezalaki kozinga nzoto na Yesu mpe kopikola mosuni na nzoto na Ye mpe makila mazalaki kotanga na nzoto na Ye.

Mpo nini Yesu, Mwana na Nzambe Ye oyo Azali na lisumu moko te, kopamelama, to mpe mbeba, asengelaki na kobetama fimbo makasi mpenza boye mpe atangisa makila mpona biso basumuki? Eye ebombami kati na likambo oyo ezali limbola na molimo na mozindo mpe na mokano na kokamwisa na Nzambe.

1 Petelo 2:24 elobi na biso ete na mapipi na Yesu biso tobikisami. Kati na Yisaya 53:5 totango ete na kobetama na Ye fimbo biso tobikisami. Ba mbula nkoto na mibale leka, Yesu Mwana na Nzambe Abetamaka fimbo mpona kosikola bison a

bapasi na bokono mpe makila atangisaki ezalaki mpona masumu na bison a kozanga kobika kati na Liloba na Nzambe. Na tango tondimeli Yesu oyo Abetamaka mpe Atangisaka makila, tokosikolama na ba bokono na biso mpe tokobika. Yango ezali elembo na bolingo na Nzambe na kokamwisa mpe bwanya.

Na boye, soki lokola bana na Nzambe bozali konyokwama na bokono, nde botubeli na masumu na bino mpe bondimi ete bosilaki kobika. Mpo ete, "Kondima ezali elendiseli na biloko bikolikia biso; ezali mpe elimbweli na biloko bizangi komonana" (Baebele 11:1), ata soki bokoyoka pasi na esika ezwi bokono kati na nzoto na bino, na kondima na oyo bokoki koloba ete, "Ngai nasilaki kobikisama," ekobikisama mpe na kala te.

Na tango na kelasi na ngai na bolenge mingi mpenza, Natutanaka na moko na mipanzi na ngai mpe na tango pasi ezalaki kozonga mbala na mbala, pasi yango ezalaki mpenza na kokoka kokanga ten de nazalaki na kokoso mpona kopema. Mbula moko to mibale sima na ngai kondimela Yesu Christu, pasi ezongaki na tango namemaki komema eloko na bozito nde nakokaki ata komata esika mosusu te. Ata bongo, mpo ete Namonaka mpe Nandimelaka nguya na Nzambe na Nzambe na Nguya Nioso, Nabondelaki makasi ete, "Na tango nakoningana sima na ngai kobondela, nandimi ete pasi ekolimwa mpe Nakotambola." Na lolenge nandimaki kaka na Nzambe na ngai na Nguya Nioso mpe nalimwisaki likanisi na pasi, Nakokaki kotelema mpe kotambola. Ezalaki kaka lokola pasi ezalaki kaka na makanisi na ngai.

Lolenge Yesu Alobeli biso kati na Malako 11:24 ete, "Bongo Nazali koloba na bino solo ete, 'biloko nioso bizali bino kobondela mpe kolomba, bondima ete bosili kozua yango mpe ikozala na bino," soki tondimi ete tosilaki kobikisama, tokozwaka mpe kobikisama kolandana na kondima na biso. Kasi, soki tokokanisaka ete naino tobikisami te likolo na pasi makasi, bokono ekobikisama te. Na maloba mosusu, kaka na tango tobuki epekiseli katii na makanisi na biso, nde makambo nioso makosalema kolandana na kondima na biso.

Yango tina Nzambe Alobeli biso ete makanisi na masuumu ekotelemelaka Nzambe (Baloma 8:7), mpe esengi na biso ete tokitisa makanisi nioso nan se na Nzambe (2 Bakolinti 10;5).

Lisusu, kati na Matai 8:17 tomoni ete Yesu Amemaka makakatani na biso mpe Amemaka ba bokono na biso. Soki bokokanisaka ete, 'Nazali na bolembu,' bokotikalaka kaka na bolembu. Kasi, ata pasi na lolenge nini to mpe bolembu bomoi na bino ekoki kozala na yango, soki bibebo na bino ekotatolaka ete, "Mpo ete nazali kati na ngai na nguya mpe ngolu na Nzambe mpe mpo ete Molimo Mosantu Akambaka ngai, nazali na kolemba te," bolembu ekolongwa mpenza mpe bokombongwana na moto makasi.

Soki solo tondimela Yesu Christu Ye oyo Amemaka makakatani na biso mpe Amema ba bokono na biso, tosengeli kobanza ete ezali na tin ate mpona biso konyokwama na bokono.

Na Tango Yesu Amonaka Kondima na Bango

Sik'oyo wapi tobikisami na ba bokono na biso na mapipi na Yesu, nini tozali na yango bosenga ezali kondima na wapi tokoki kondima yango. Lelo, ebele na bato ba oyo bandimelaka te Yesu Christu bakkoyaka liboso na Ye na ba bokono na bango. Bato misusu babikisamaka moke sima na bango kondimela Yesu Christu na tango basusu bakotalisaka kobonga moko te ata sima na ba sanza kati na mabondeli. Baton a liboke na mibale basengeli kotala lisusu kondima na bango.

Kati na lisolo ebetami kati na Malako 2 :1-12, tika été totala lolenge nini mokakatani elongo na baninga b aye minei batalisaki kondima na bango, bamemaki maboko na kobikisa na Nkolo masikola ye na bokono, mpe bapesaki nkembo epai na Nzambe.

Na tango Yesu Akendaki na Capernaum sango na Ye epanzanaki nokinoki mpe ebele na bato basanganaki. Yesu Ateyaki bango Liloba na Nzambe=solo- mpe etuluku ezalaki kolanda, na kolinga kozanga ata Liloba moko na Yesu te. Kaka wana nde bato minei bamemaki mokakatani kati na litoko kasi likolo na ebele na bato, bango bakokaki te komema mokakatani pembeni na Yesu.

Ata bongo, bango batikaki te. Kasi kutu, bamataki likolo na matolo na ndako esika wapi Yesu azalaki kofanda, bafungolaki lidusu likolo na Ye, bazindisaki kati na yango, mpe bakitisaki litoko wapi mokakatani azalaki kolala. Na tango Yesu Amonaki kondima na bango, Alobaki na mokakatani ete, "Mwana, masumu nay o malimbisami... telema, kamata litoko nay o mpe kenda," mpe mokakatani azwaki lobiko oyo alikiaki mingi mpenza. Na tango azwaki litoko na ye mpe atambolaki na miso na bango nioso, bato bakamwaki mpe bapesaki nkembo epai na Nzambe.

Mokakatani azalaki konyokwama na bokono makasi na lolenge oyo nde bongo akokaki koningana na ye moko te. Na tango mokakatani ayokaki sango na Yesu, oyo Afungolaki miso na mokufi miso, atelemisaki moto atambolaka te, Abikisaki moto na maba, abimisaki milimo mabe, mpe Abikisaki ba pasi mingi na ba bokono na lolenge na lolenge, alukaki mpenza kokutana na Yesu. Mpo ete azalaki na motema malamu, na tango mokakatani ayokaki sango oyo, alikiaki kokutana na Yesu kaka soki ayebaki esika wapi Ye Azalaki.

Bongo mokolo moko, mokakatani ayokaki ete Yesu ayaki na Capernaum. Bokanisa kaka boni kosepela ye azalaki na yango sima na koyoka sango wana? Asengelaki kokanisa mpona baninga oyo bakosunga ye, mpe baninga na ye, bango oyo mpe bazalaki na kondima na bango moko, balingaki mpe kondima bosenga na moninga na bango. Mpo ete baninga na mokakatani bayokaki mpe sango na Yesu, na tango moninga na bango asengaki bango ete bamema ye epai na Yesu, bandimaki.

Soki baninga na mokakatani balandelaka bosenga na ye mpe baseka ye, na kolobaka ete, "Boni boni yo okoki kondima makambo na lolenge oyo na tango omonaki yango na miso nay o moko te?" balingaki te kolekela ba pasi nioso oyo mpona kosunga moninga na bango. Kasi ata bongo mpo ete bazalaki mpe na kondima, bakokaki komema moninga na bango likolo na litooko, moko na moko na bango komema suka moko na litoko, mpe bazwaki ata riske na tofungola mmatolo na ndako.

Na tango bamonaki etuluku na bato kozinga esika yango, sima na bango kosala mobembo na pasi, mpe bakokaki kolelaleka te mpona kopusana pembeni na Yesu, boni komitungisama mpe kotutama na motema basengelaki kozala? Basengelaki kosenga mpe koluka mua nzela moke.

Kasi, mpona etuluku na bato ebele bango oyo basanganaki, bamonaki nzela moko te mpe bango bakomaki komitungisama. Na suka, bazwaki mokano na komata na likolo na matolo esika wapi ezalaki Yesu kofanda, bafungolaki lidusu, mpe bakitisaki litoso na moninga na bango kolala na kati, liboso na Yesu. Mokakatani ayaki mpe akutanaki na Yesu na pembeni koleka moto nioso oyo azalaki wana. Na nzela na lisolo oyo, tokoki koyekola bonimolende mokakatani elongo na baninga na ye balingaki kokoma liboso na Yesu.

Tosengeli koyeba lolenge nini mokakatani elongo na baninga na ye bakendaki kaka liboso na Yesu te. Likambo ete bango balekelaki mikakatano nioso mpona kokutana na Ye mpo kaka bango bayokaki sango na Ye, elobeli na biso ete bandimaki sango na Ye mpe mateya Azalaki koteya. Lisusu, na kolongaka minyokoli na komonana, kokanga motema, mpe na kopusana pembeni na Yesu na molende oyo, mokakatani elongo na baninga na ye batalisaki boni komikitisa bango bazalaki na yango na tango bakendaki liboso na Ye.

N atango bato bamonaki mokakatani mpe baninga na ye komata na matolo mpe na kofungola lidusu kati na yango, etuluku engangelaki bango to mpe ezwaki nkanda. Tango mosusu likambo oyo biso tokokaki ata kokanisa te esalemaki. Ata bongo, epai na bato oyo mitano, eloko moko te to mpe moto moko te asengelaki na kopekisa nzela na bango. Na tango bakutanaki na Yesu, mokakatani alingaki kobikisama mpe balingaki kofuta mpe kobongisa oyo basalaki na matolo na ndako. Kasi, kati na ebele na bato oyo bazalaki konyokwama na ba bokono makasi na lelo, ezali pasi kokutana na mobeli to mpe na bandeko na libota na ye kotalisa kondima. Esika na kopusana epai na Yesu na molende mingi, bazalaka mbangu mbangu na kolobaka ete, "Nazali mpenza kobela mingi. Nakolinga kokende kasi nakoki te," to "Songolo-mpe songolo kati na ibota na ngai azali mpenza na bolembu nde akoki ata koningana te." Ezali na kolembisa motema mpona komona baton a lolenge oyo ba oyo bamonani lokola bakozelaka lilala ekwela bango na monoko longwa na nzete na yango. Bato yango, na lolenge mosusu, bazanga kondima.

Soki bato bakotatolaka kondima na bango epai na Nzambe, esengeli mpe kozala na molende kati na kotalisa kondima na bango. Mpo ete moto akoki te komona mosala na Nzambe na kondima oyo eyambami mpe ebombami kaka lokola koyeba, kaka na tango atalisi kondima na ye kati na mosala, nde kondima na ye ekokoma kondima na bomoi mpe moboko mpona kozwa kondima na molimo eye epesami na Nzambe ekotongama. Na bongo, kaka loolenge mokakatani azwakamosala na lobiko na Nzambe kati na moboko na kondima na ye na molimo, tosengeli mpe kokoma na bwanya mpe totalisa na Ye moboko na bison a kondima-kondima yango moko mpenza- mpo ete biso, mpe lokola, tokoka kobika ba bomoi esika wapi tozali kozwa kondima na molimo epesami na Nzambbe mpe tomona bikamwa na Ye.

Masumu ma yo malimbisami

Epai na mokakatani oyo ayaki epai na Yesu kati na kosungama na baninga na ye minei, Yesu Alobaki ete, "Mwana, masumu ma yo malimbisami," mpe asilisaki likambo na masumu. Mpo ete moto akoki te kozwa biyano na tango ezali na efelo na masumu kati na ye moko mpe Nzambe, Yesu Asilisaki naino likambo na lisumu mpona mokakatani, oyo ayaki epai na Ye na moboko na kondima.

Soki solo tokotatolaka kondima na biso epai na nzambe, Biblia elobeli bison a ezalali na lolenge nini tosengeli koya epai na Ye mpe lolenge nini tosengeli kosala. Na kotosaka mibeko lokola ete, "Sala," "Salate," "Batela," "Longola," mpe bongo na bongo, moto azangi bosembo akobongwana na moto na sembo, mpe moto na lokuta akombongwana na moto na bosolo mpe malamu. Na tango tozali kotosa Liloba na solo, masumu na biso ekopetolama na makila na Nkolo na biso, mpe na tango tozwi kolimbisama, kobatelama na Nzambe mpe biyano ekoyaka lingwa na likolo.

Mpo ete ba bokono nioso iwutaka na lisumu, kaka na tango likambo na lisumu esilisami, nde condition mpona mosala na Nzambe ekoki kotalisama mpe kotiama. Kka lolenge bapelisaka mwinda mpe masini ekosalaka na tango courant ekotaka kati na anode mpe ekobimaka na ba cathode, na tango Nzambe Amonaka moboko na kondima na moto nde Akotatola kolimbisama mpe Akopesa na ye kondima longwa na likolo, nde boye ememaka ekamwiseli.

"Telema, lokota litoko nay o mpe kenda na ndako." Boni kopesa makasi na moto litatoli oyo ezali? Na komonaka kondima na mokakatani mpe na baninga ba ye minei, Yesu Asilisaki likambo na lisumu mpe mokakatani ayaki na kotambola na mbala moko, akomaki sima na bokono na tango molai, malamu lisusu. Na lolenge moko, soki tokolinga kozwa biyano kaka mpona ba bokono te kasi na likambo na lolenge nioso tozali na yango, tosengeli kobanza liboso kozwa kolimbisama mpe topetola mitema na biso.

Na tango bato bazali na kondima moke, bakoki koluka solution na ba bokono na bango na komitika na minganga mpe na bonganga, kasi sasaipi lokola kondima na bango ekoli mpe bazali kolinga Nzambe mpe bazali kobika kati na Liloba na Ye, bokono ezali kokotela bango te. Ata soki bakweyaki malali, na tango bakomitalaka kati na bango mpenza, batubeli kati na mitema na bango moko, mpe balongwe na ba nzela na bango na masumu, bakozwaka na mbala moko lobiko. Nayebi ete mingi kati na bino bazali na experience oyo.

Na mua tango na sima, mpaka moko kati na lingomba na ngai azwamaki na rupture na disk mpe na mbala moko, akokaki lisusu koningana te. Na ebandeli, atalaki sima kati na bomoi na ye, atubelaki, mpe ayambaki libondeli na ngai. Mosala na kobikisa na Nzambe esalemaki na ngonga wana mpe azongelaki nzoto malamu.

Na tango mwana na ye mwasi azalaki konyokwama na pryrexia, mama na mwana asosolaki ete ezaleli na ye na motomoto ezalaki ntina na konyokwama na mwana na ye, mpe na tango atubelaki na yango mwana akomaki lisusu malamu.

Mpona kobikisa bato nioso oyo likolo na bozangi botosi na Adamu, bazalaki na nzela na kobebisama, Nzambe Atindaki Yesu Christu kati na mokili oyo, mpe Andimelaki Ye ete Alakelama mabe mpe Abakama na ekulusu na nzete mpona biso. Yango ezali mpo ete Biblia elobi ete, "Soki kotanga na makila ezali te, bolimbisi ekozala te," (Baebele 9:22) mpe "alakelama mabe moto na moto oyo akangemi na nzete" (Bagalatia 3:13).

Sik'awa toyebi ete likambo na bokono euti na masumu, tosengeli kotubela na masumu na biso nioso mpe na kondima makasi na Yesu Christu oyo Asikolaki bison a ba bokono na biso nioso, mpe na kondima wana tosengeli kotambwisa bomoi na nzoto malamu. Ebele na balingami lelo bazali kokutana lobiko, bakotatolaka nguya na Nzambe, mpe bakotatolaka mpona Nzambe na bomoi. Yango etalisi na biso ete na naninani akondimela Yesu Christu mpe akosenga na nkombo na Ye, makambo nioso na bokono ekoki koyanolama. Ata monene nini malali na moto ekoki kozala, na tango andimi kati na motema na ye Yesu Christu oyo abetamaki fimbo mpe Atangisaki makila ma Ye, mosala na kokamwisa na lobiko na Nzmabe ekotalisama.

Kondima Eyeisami Malamu na Mosala

Lolenge mokakatani azwaki lobiko na lisungi na baninga ba ye minei sima na bango kotalisa Yesu kondima na bango, soki tolingi kozwa bosenga na mtema na biso, tosengeli mpe kotalisa epai na Nzambe kondima na biso. Mpona kosunga malamu batangi basosola "kondima," Nakopesa limbola na mokuse.

Kati na bomoi na moto kati na Christu, "kondima" ekoki kokabolama mpe kolimbolama na biteni mibale. "Kondima na mosuni" to "kondima lokola mayebi" etalisi kondima na lolenge wapi moto akoki kondima mpona bilembo na mosuni mpe Liloba ekokani na mayebi na ye mpe na makanisi. Na kokesana, 'kondima na molimo"ezali lolenge na kondima na wapi moto akoki kondima ata soki akoki komona te mpe Liloba ekokani ten a mayebi na ye mpe makanisi.

Na "kondima na mosuni," moto andimi ete eloko ekomonana na miso ekelamaki na eloko mosusu oyo ezali mpe komonana. Na "kondima na molimo" oyo moto akoki kozala na yango soki asangisi makanisi na ye moko mpe mayebi, moto akondima ete eloko komonana ekoki na kokelama na eloko oyo emonani na miso te. Oyo na suka esengi ete moto abuka mayebi mpe makanisi na ye. Wuta mbotama, mayebi moto akoki kotanga te ekomama kati na bongo na moto moko na moko. Makambo ayekolaki na bisika na bisika mpe na ba zinga zinga mikomama. Ata bongo, ezali makambo nioso akotisama nde ezali solo, soki eloko nioso oyo ekesena na Liloba na Nzambe, moto asengeli kaka kolongola yango. Ndakisa, na kelasi ye ayekola ete ekelamo nioso na bomoi ekola longwa na celulles moko kino na organisme na ebele na ba celules, kasi kati na Biblia ayekoli ete bikelamo nioso na bomoi mikelamaka kolandana na ba lolenge na bango moko epai na Nzambe. Nini esengeli na ye kosala? Bozoba na mayele na evolution esila kotalisama pamba ata epai na bato mayele, tango na tango. Boni boni ekoki kosalema, ata na mayele na moto, mpona likaku akoka kombongwana moto mpe na ligorodo akola mpona kokoma ndeke na lolenge moko boye sima na ba mbula milio? Ata logic elongisi kokelama.

Lolenge ooyo tango "kondima na mosuni" embongwani na "kondima na molimo," lokola kondima na bino ekobwakama mosika bokoya na kotelema na libanga na kondima. Lisusu, soki bokotatolaka kondima na bino kati na Nzambe, bosengeli sasaipi kosalela Liloba oyo bafandisaki lokola mayebi kati na misala. Soki bokotatolaka ete bondimela Nzambe, bosengeli komitalisa bino moko lokola pole na kobatelaka mokolo na Nkolo bulee, bolinga mozalani na bino, mpe botosa Liloba na Solo.

Soki mokakatani kati na Malako 2 afandaki na ndako, akokaki kobikisama te. Kasi mpo ete andimaki ete akobika kaka soki ayaki liboso na Yesu, mpe atalisaki kondima na ye na kotia mpe kosalela ba nzela nioso epesamelaki ye, mokakatani akokaki kozwa lobiko. Ata soki moto azali na bosenga na kotonga ndako mpe azali kaka kobondela ete, "Nkolo, nandimi ete ndako ekotongama," mabondeli mokama to ba nkoto ekomema ngako kotongama na yango moko te. Asengeli kosala eteni na ye na mosala na kobongisaka moboko, kotimola kati na mabele, kotia makonzi, mpe oyo etikali, na mokuse misala misengami.

Soki bino to mpe moto nani nani kati na libota na bino azali konyokwama na bokono, bondima ete Nzambe Akopesa bolimbisi mpe Akotalisa mosala na lobiko na tango Akomona bato nioso kati naa libota na bino basangani kati na bolingo, lisanga oyo Akondima lokola moboko na kondima. Basusu bakolobaka ete mpo ete ezali na yango mpona eloko na eloko, ekozala mpe na tango mpona lobiko mpe lokola. Kasi, bobanza ete tango ezali ngonga wapi moto atie moboko na kondima liboso na Nzambe.

Tika ete bino bozwa biyano na ba bokono na bino mpe lokola mpe mpona nioso oyo bozali kosenga, mpe bopesa nkembo epai na Nzambe, na nkombo na Nkolo na biso nabondeli!

Chapitre 5

Nguya na Kobikisa Makakatani

Matai 10:1

Yesu Abiangi Bayekoli na Ye zomi na zomi na mibale epai na Ye mpe Apesi bango bokonzi likolo na milimo na mbindo ete babimisa yango mpe ete babikisa mpasi nioso mpe malali nioso

Nguya na Kobikisa ba Malali mpe Makakatani

Ezali na ba nzela mingi mpona kotalisa Nzambe na Bomoi epai na bandimela te, mpe lobiko na bokono ezali moko na ba nzela wana. Na tango bato konyokwamaka na ba bokono ekomi na suka mpe ezanga lobiko, wapi makoki na minganga mazali lisusu na ntina moko te, bazwi lobiko, bakoki lisusu ten a kowangana nguya na Nzambe Mokeli kasi bakoyaka na kondima nguya wana mpe bakopesa nkembo epai na Ye.

Ata misolo na bango, bokonzi, koyebana, mpe mayebi na bango, ebele na baton a lelo bakoki te kosilisa likambo na malali mpe batikalaka na komitungisama. Ata ete ebele na ba bokono makoki te kosilisama ata na makoki maleki likolo na mayele na minganga, na tango bato bakondimelaka Nzambe na Nguya Nioso, bamitiki epai na Ye, mpe batikeli Ye likambo na bokono, bokono nioso ezangi lobiko mpe kisi ekosilisama. Nzambe na biso Azalaka Azali mpe Akozala, epai na Ye eloko moko te ekoki te, Ye Akoki kokela esika eloko ezali te. Akomisa lingenda ekauka na kobota nkasa mpe komema mbuma (Mutuya 17:8), mpe kosekwisa mokufi (Yoane 11:17-44).

Nguya na Nzambe na biso ekoki solo kobikisa bokono nioso mpe malali. Kati na Matai 4:23 tomoni ete, "Bongo, Yesu Atamboli na Galilai mobimba, Alakisi na biyanganelo na bango, mpe Asakoli Sango Malamu na Bokonzi mpe Abikisi malali nioso mpe ndenge nioso na bolembu kati na bato," mpe kati na

Matai 8:17, totangi ete, "Bongo likambo lilobaki mosakoli Yisaya ekoki ete, 'Ye Akamataki bolembu na biso mpe Akumbaki malali na biso." Kati na makomi iye, "malali," "bokono" mpe bolembu" mitangami.

Awa, "bolembu" itali ba malali mikemike te lokola grippe to mpe kobela euti na kolemba. Ezali lolenge esengeli te esika wapi kosala na nzoto na moto, to mpe eteni na nzoto, to mpe misisa mikangami to mpe ibandi na kobeba likolo na likama moko na nzela to mpe na mbeba na baboti na ye to mpe na ye moko.

Ndakisa, ba oyo balobaka te, bayokaka te, bamonaka te, bakufa makolo, to mpe banyokwamaka na bukabuka (eyebana lokola polio), mpe bongo na bongo- ba oyo bakoki kobika ten a boyebi na moto- bakoki kotandama lokola "makakatani." Na kobakisa likolo condition iye mpona likama to mpe mbeba na baboti na ye to mpe na ye moko, to mpe lokola na likambo na moto oyo abotamaki miso mikufa kati na Yoane 9:1-3, ezali na bato oyo banyokwamaka na makakatani mpo ete nkembo na Nzambe ekoka kotalisama. Kasi, makambo na lolenge oyo mizali mingi te lokola mingi mikomaka na bozangi koyeba to mpe na mbeba na moto.

Na tango bato batubelaka mpe bandimeli Yesu Christu lolenge bakolukaka kondimela Nzambe, Akopesaka bango Molimo Mosantu lokola libonza.

Elongo na Molimo mosantu bakozwaka mpe makoki na kokoma bana na Nzambe. Na tango Molimo Mosantu Azali elongo na bango, kolongola na makambo maleki makasi to mpe mozindo, mingi na ba malali mibikisamaka. Mpo ete bango bayambi Molimo mosantu ekosala ete moto na Molimo Mosantu ekitelaka bango mpe ezikisa bapota na bango. Lisusu, ata soki moto anyokwami na bokono makasi, na tango akobondela makasi kati na kondima, abuki efelo na masumu liboso na ye mpe Nzambe, alongwe na ba nzela na masumu, mpe atubeli, akozwa lobiko kolandana na kondima na ye.

Moto na Molimo mosantu etalisi libatisi na moto eye esalemaka sima na moto koyamba Molimo Mosantu, mpe na miso na Nzambe ezali nguya na Ye. Na tango miso na Molimo na Yoane Mobatisi ifungwamaka mpe amonaka, alimbolaki moto na Molimo Mosantu lokola 'libatisi na moto." Kati na Matai 3:11, Yoane Mobatisi alobaki ete, "Ngai nabatisi bino na mai mpo na kobongwana na motema. Ye oyo akoya nsima na ngai Aleki ngai na nguya ; nabongi kolongola sapato na Ye te ; Ye wana Akobatisa bino na Molimo Mosantu mpe na moto." Libatisi na moto eyaka na tango nioso te kasi kaka soki moto atondisami na Molimo Mosantu. Mpo été moto na Molimo mosantu ekokitaka tango nioso likolo na oyo atondisami na Molimo Mosantu, masumu ma ye nioso mmpe bokono ikozikisama mpe akoya na kobika bomoi na nzoto makasi.

Na tango libatisina moto ekozikisaka elakeli mabe na bokono, mingi na ba malali mikobika; kasi makakatani, mikoki te kozikisama ata na libatisi na moto. Bongo, lolenge nini makakatani makoki kobikisama?

Mikakatani nioso mikoki kobikisama kaka na nguya epesami na Nzambe. Yango tina tomoni kati na Yoane 9:32-33 ete, "Longwa na ebandeli eyokami naino te ete moto afungoli miso na oyo abotami na miso makufa. Soko moto oyo auti na Nzambe te, akoki kosala eloko te."

Kati na Misala 3:1-10 ezali na esika wapi Petelo mpe Yoane, oyo bazwaka bango babale nguya na Nzambe, basungaki mokakatani longwa na mbotama, oyo azalaki kosenga na ekuke na Tempelo ibengami "Kitoko," atelema. Na tango Petelo alobi na ye na eteni 6 ete "Mosolo na palata na wolo ezali na ngai te, nde mpona yango ezali na ngai, nazali kopesa yo yango. Na nkombo na Yesu Christu na Nazalete, tambola!" Mpe asimbaki ye loboko na mobali, mpe atomboolaki ye, bongo na mbala moko makolo mpe makaki na ye ekomaki makasi mpe akomaki kosanjola Nzambe. Na tango bato bamonaki oyo azalaka mobosono kotambola mpe kokumusa Nzambe, batondisamaki na kokamwa mpe na komituna.

Soki moto azali na bosenga na kozwa lobiko, asengeli kozala na kondima na wapi andimeli Yesu Christu. Ata soki mobosono yango azalaki kaka mosengi, mpo ete andimelaki Yesu Chriistu akokaki kozwa lobiko na tango ba oyo bazwaki nguya na Nzambe babondelaki mpona ye. Yango tina Makomi malobeli biso ete, "Ezali na ntina na kondima nkombo na Ye ete nkombo na Ye ekembisi moto oyo bozali kotala, oyo mpe boyebi; ezali kondima Yesu epesi moto oyo nzoto makasi, na miso na bino nioso" (Misala 3:16).

Kati na Matai 10:1, tomoni ete Yesu Apesaki nguya na bayekoli ba Ye mpona kolongola milimo mabe, kobimisa bango, mpe kobikisa ba malali na lolenge nioso mpe na ba bokono na ba lolenge nioso. Na tango na Kondimanaa na Kala, Nzambe Apesaka nguya na kobikisa eppai na balingami na Ye basakoli ata na Mose, Elia, mpe Elisa, na Kondimana na Sika, nguya na Nzambe ezalaki epai na ntoma lokola Petelo mpe Paulo mpe na basali na sembo Setefano nna Filipi.

Na tango moto azwi nguya na Nzambe eloko moko te ekokoka te mpo ete ye akoki kobikisa babosono, kobikisa ba oyo banyokwami na bukabuka mpe kotambolisa bango, kotalisa mokufi miso, kofuungola matoyi na mokufi matoi, mpe kofungoola lolemo na balobaka te.

Ebele na ba ndenge na Kobikisa Makakatani

1. Nguya na Nzambe Ebikisaka Mokufi Matoyi mpe Moto oyo Alobaka te

Kati na Malako 7:31-37 ezali na esika wapi nguya na Nzambe ebikisi mokufi matoyi mpe ebubu. Na tango bato bamemaki moto epai na Yesu mpe babondelaki Ye ete Amama moto yango loboko, Yesu Amemaki moto yango na pembeni mpe atiaki lisapi na ye na matoyi na moto yango. Bongo atuakaki soi mpe asimbaki lolemo na moto yango. Atalaki likolo na Lola mpe na kotala na mozindo Alobaki na moto yango ete Ephphata!' (yango alakisi, 'Bikisama!).'' Na mbala moko, matoyi na moto yango mafungwamaki, lolemo na ye ebikisamaki mpe ye abandaki koloba mpenza.

Bongo ekokaki mpona Nzambe, Mokeli na biloko nioso kati na univer na Liloba na Ye, Akoka kobikisa moto na Liloba na Ye te? Mpo nini Yesu Atiaki misapi na Ye kati na matoyi na moto yango? Mpo ete mokufi matoi akoki koyoka makelele te mpe asololaka na lolenge na misapi, moto oyo akokaki kozala na kondima te lolenge basusu bazalaki na yango ata soki Yesu Alobaka na mongongo. Mpo ete Yesu Ayebaka ete moto yango azangaki kondima. Yesu Atiaki misapi ma ye kati na matoyi na moto yango mpo ete na nzela na kosimba na misapi ma ye, moto akoka kozala na kondima na oyo ye akokaki kobika. Eloko eleki motuya kati na kondima na wapi moto andimi ete akobikisama.. Yesu Akokaki kobikisa moto yango na Liloba na Ye kasi mpo ete moto yango akokaki koyoka te, Yesu alonaki kondima mpe andimelaki moto yango ete azwa lobiko na kosalela lolenge oyo.

Mpo nini, bongo, Yesu Atuakaki soi mpe Asimbaki lolemo na moto yango? Likambo wapi Yesu Atuakaki soi etalisi na biso ete molimo mabe amemaki moto yango na kokoma ebubu. Soki moto abwaki sooi na elongi nay o mpona ntina moko te, lolenge nini okoki kondima yango? Ezali likambo na kokomisa moto mbindo mpe ezaleli na imoralite eye ebebisaka ezaleli na moto. Mpo ete kobwaka soi na momesano etalisaka bozangi botosi mpe kotiola moto, Yesu mpe Abwakaki soi mpona kobimisa molimo mabe.

Kati na Genese, tomoni ete Nzambe Alakelaki mabe nyoka mpo ete alia mputulu na mikolo nioso na bomoi na ye. Oyo, na maloba mosusu, etalisi Nzambe kolakela mabe moyini zabolo mpe Satana, oyo amemaki nyoka, ete akomisa moto oyo asalamaki na mputulu bilei na ye. Na bongo, wuta na tango na Adamu moyini zabolo abundakabundaka mpona kokomisa moto bilei na ye mpe na kolukakalukaka opportunite nioso mpona kotungisa mpe kolia moto. Kaka lokola ba nzinzi, ngungi, mpe na kusu bafandaki bisika na mbindo, moyini zabolo afandaka kati na bato oyo mitema na bango etondisama na masumu, mabe, mpe na ezaleli na kanda mpe akokangaka makanisi na bango. Tosengeli kososola ete kaka ba oyo babikaka mpe basalaka kolandana na Liloba na Nzambe bakoki kobikisama na ba bokono na bango.

2. Nguya na Nzambe Ebikisi Mokufi Miso

Kati na Malako 8:22-25, tomoni likambo eye ete:

Akomaki na Betesaida. Bato bamemelaki Ye moto moko

oyo akufi miso mpe babondeli Ye ete Atiala ye laboko. Akamati moto oyo akufi miso na loboko mpe abimi na ye na mboka. Esili Ye kotwa nsoi na miso na ye, Atieli ye maboko mpe Atuni ye ete, 'Ozali komona eloko? Atali, alobi ete, 'nazali komona bato kasi bazali lokola nzete kotambola. Lisusu Atii maboko na Ye na miso na Ye; moto oyo akufi miso atali pii, abiki, amoni biloko nioso polele.

Na tango Yesu Abondelaki mpona mokufi miso oyo, abwakaki soi na miso na moto yango. Mpo nini bongo, ayaki na komona te sima na Yesu kobondela mpona ye kasi sima na Yesu kobondela mpona mbala mibale? Na nguya na Ye, Yesu Akokaki kobikisa moto na mbala moko kasi mpo ete kondima na moto yango ezalaki moke, Yesu Abondelaki mpona mbala mibale mpe Asungaki ye na kozala na kondima. Na nzela na oyo, Yesu Atalisi na biso ete na tango bato misusu bakoki kozwa lobiko te mpona mbala liboso bakozwa libondeli, tosenggeli mpe kobondela mpona baton a lolenge mbala mibale, misato, ata mbala minei kino tango nkona na kondima, na wapi bakoki koya na kondimela lobiko na bango, ekoka kolonama.

Yesu na oyo eloko moko te ekokaki te Abondelaki mpe Abondelaki lisusu na tango Ayebaki ete mokufi miso akokaki kobikisama ten a kondima. Nini tosengeli kosala? Na kobondelaka mingi mpe na kolombaka, tosengeli koika mpiko kino tango tokozwa lobiko.

Kati na Yoane 9:6-9 ezali na moto abotama mokufi miso ye oyo azwaki lobiko sima na Yesu kobwaka nsoi na mabele, kosala mua potopoto na nsoi na Ye, mpe atikai potopoto na miso ma ye. Mpo nini Yesu Abikisaki ye na kobwakaka nsoi na mabele, mpe na kotia potopoto na miso na moto yango? Nsoi awa etalisi eloko moko na mbindo te; Yesu Abwakaki nsoi na mabele mpo ete akoka kosala potopoto mpe Atia yango na miso na mokufi miso. Yesu Asalaki potopoto na nsoi na Ye mpe lisusu mpo ete mai ezalaki mpenza te. Mpona oyo etali livimbi to mpe kovimba na nzoto kosalama to mpe nyama moke koswa bana, baboti na momesano batiaka nsoi na bango moko na kotalisama na bolingo. Tosengeli kososola olingo na Nkolo na biso oyo Asalelaki ba lolenge mingi mpona kosunga bato na bolembu été bazwa kondima.

Lokola Yesu Atiaki mua mputulu na miso na moto mokufi miso, moto ayokaki lolenge na potopoto na miso na ye mpe ayaki na kozwa kondima na oyo ye akokaki kobika. Sima na Yesu kopesa kondima na mokufi miso oyo kondima na ye moko ezalaki moke, na nguya na Ye Afungolaki miso na moto yango.

Yesu Alobeli na biso ete, "Soko bokomona bilembo mpe bikamwiseli te, bokondima te" (Yoane 4:48). Lelo, ezali pasi mpona kosunga bato bazwa kondima oyo bakoki kondima kaka na Liloba kati na Biblia, na kozanga komona bikamwa na kobika mpe bikamwiseli. Na ekeke esika wapi mayele mpe technolojie ekoli makasi mingi, ezali mpenza pasi mingi mpona kozala na kondima na molimo mpona kondimela Nzambe Amonanaka ten a miso. "Komona ezali kondima," toyoka mbala na mbala. Ba boye, mpo ete kondima na bato ekokola mpe mosala na kobika ekosalema na lombango na koleka na tango bamoni bilembo na miso na Nzambe na bomoi, "Bilembo mpe bikamwiseli" mizali mpenza na bosenga.

3. Nguya na Nzambe ebikisi Mokakatani

Lokola Yesu Ateyaka Sango Malamu mpe Abikisaka bato konyokwama na ba malali na ba lolenge nioso, bayekoli na Ye batalisaki mpe nguya na Nzambe.

Na tango Petelo apesaki motindo na mokakatani molombi, "Na kombo na Yesu Christu na Nazaleta, tambola" mpe azwaki ye na loboko na mobali, na mbala moko makolo na moto yango eyeisamaki makasi, mpe atelemaki mabala moko mpe atambolaki (Misala 3:6-10). Lokola bato bamonaki bilembo mpe bikamwa eye Petelo atalisaki sima na kozwa nguya na Nzambe, ebele na bato bayaki kondimela Nkolo. Bamemaki ata babeli na balabala mpe balalisaki bango na ba mbeto mpe na bitoko mpo ete ata elilingi na Petelo ekoka kosimba bango na lolenge azalaki koleka wana. Bituluku misanganaki mpe longwa na ba mboka pembeni na Yelusaleme, na komemaka babeli na bango mpe ba oyo batungisamaki na milimo mabe, mpe bango nioso babikaki (Misala 5:14-16).

Misala 8:5-8 tomoni ete, "Filipo mpe akiti na mboka na Samalia mpe asakoli na bango Kristu. Ebele na bato batii motema na bango na maloba malobi Filipo, wana eyoki bango ye mpe etali bango bilembo bizalaki ye kosala. Mpo ete milimo na mbindo babimi na bato mingi na konganga na mongongo makasi, mpe esengo monene ezalaki na mboka yango" (Misala 8:5-8)

Kati na Misala 14:8-12, totangi mpona moto mobosono na makolo maye, oyo azalaki kotambola te longwa mbotama na ye mpe atikala kotambola te. Sima na ye koyoka mateya na Paulo mpe ayaki na kozwa kondima na oyo akokaki kozwa lobiko, na tango Paulo apesaki motindo ete, "Telema na makolo ma yo!" mbala moko, moto yango atelemaki mpe abandaki kotambola. Ba oyo bamonaki likambo oyo balobaki ete "ba nzambe bakiteli bison a lolenge na bato!"

Kati na Misala 19:11-12 tomoni ete "Nzambe mpe Asali misala na nguya na maboko na Paulo na motindo ekosalemaka te; bongo bamemelaki babeli masume na matambala malongwaki na nzoto na Paulo, mpe babiki na malali na bango, milimo mabe mibimi mpe. Boni kokamwisa mpe kitoko mingi nguya na Nzambe ezali?

Na nzela na bato oyo mitema na bango ikokisi kobulisama mpe bolingo ekokisama lolenge esalaki Petelo, na Paulo, na Diacre Filipo mpe Setefano, nguya na Nzambe etalisami ata lelo. Na tango bato bakoyaka liboso na Nzambe na kondima na kolikiaka ete makakatani na bango ikobika, bakoki kobikisama na koyambaka mabondeli na basali na Nzambe na nzela na oyo Ye Azali kosala.

Wuta ebandeli na Manmin, Nzambe na bomoi Andimela Ngai kotalisa ebele na bilembo mpe bikamwiseli, kokona kondima kati na mitema na bandimi, mpe komema bolamuki monene.

Ezalaka na mwasi oyo azalaki moumbo na mobali na ye molangwi masanga. Na tango misisa na miso ma ye mokangamaki mpe minganga bazalaki lisusu na makoki na kosunga ye te sima na kobetama mingi, mwasi yango ayaka na Manmin sima na koyoka sango na yango. Na lolenge azalaki mpenza kokota na mayangani mpe azalaki kobondela mingi mpona lobiko, ayambaki libondeli na ngai mpe akokaki lisusu komona. Nguya na Nzambe ebongisaki misisa na miso oyo na tango moko emonanaki lokola ebebaka.

Na esika mosusu, ezalaki na mobali oyo anyokkwamaka na pasi monene na wapi bisika mwambe na mokuwa na mokongo na ye ebukanaka. Na lolenge eteni nan se na nzoto na ye etikaki kosala, akomaki pembeni na kokatama na makolo ma ye nioso mibale. Sima na ye kondimela Yesu Christu, akopekisa kokatama na makolo kasi akobaki na ba biquille. Bongo ayaki kobanda na koyangana na Mayangani na Centre na Mabondeli Manmin mpe na mua sima moke na Mayangani na Vendredi Butu Mobimba, sima na ye koyamba libondeli na ngai moto yango abwakaki ba bequille na ye, ayaki na kotambola na makolo ma ye nioso mibale, mpe wuta wana akoma moteyi na Sango Malamu.

Nguya na Nzambe ekoki kobikisa na mobimba makakatani eye makaki na minganga ekoki kobikisa te. Kati na Yoane 16:23, Alakaki na biso ete, "Na mokolo yango bokotuna Ngai te. Solo, solo Nazali koloba na bino ete, 'Soko bokosenga Tata elloko nini na nkombo na Ngai, Akopesa bino yango." Tika ete bino bondima nguya na kokamwisa na Nzambe, boluka yango mpenza, bozwa biyano na makambo na bino nioso na bokono na bino, mpe bokoma bateyi oyo bazali kopanza Sango malamu na Nzambe na bomoi, na nkombo na Nkolo na biso Nabondeli!

Chapitre 6

Ba Nzela Mpona Kobikisa Mokangami na Milimo Mabe

Malako 9:28-29

Esili Yesu kokota na ndako, bayekoli batuni Ye nan kuku ete, 'Mpo na nini biso tokoki kobimisa ye te? Alobi na bango ete, 'Motindo oyo ekoki kobima bobele na libondeli''

Na Mikolo na Suka Bolingo Ekokoma Mpio

Bokoli na civilization na mikolo na lelo mpe komata na industry emema bofuluki na biloko mpe asali été bato bakoma na koluka mingi bolamu mpe lifuti na bango moko. Na tango moko, makambo oyo mibale ememi baton a kolekisa moyimi, kobwaka basusu, mpe kozala na compelxe d'inferiorite kati na bato, lokola bolingo ekiti na tango kososola mpe kolimbisa ekomi pasi mpona komona.

Lokola Matai 24:12 elobeli ete, "Mpe mpo ete mobulu ekoyikana mingi, bolingo na mingi ekozua mpio," na tango mabe ekoluta mpe bolingo ekokoma mpio, moko na likambo eleki makasi kati na bikolo na bison a lelo ezali komata na bato oyo bazali konyokwama na mobulu kati na bongo lokolamalali na ba nerf mpe schizophrenia.

Ba lopitalo na bato kobelaka mitu ebombaka babeli mingi ba oyo bakoki kobika bomoi esengela te kasi naino bakutani na kisi eye elongobani na bango te. Soki moto akobongaka te sima na ba mbula mingi na tretement, mabota mazali kotungisama mpe na makambo mingi bakobosana to mpe bakobwakisa babeli lokola bitike. Babeli bana, bakobikaka mosika mpe bazanga mabota, bazali na makoki na kosala lokola bato malamu bakosalaka.. Ata soki bazali na bosenga na bolingo na solo epai na balingami na bango, bato mingi te batalisaka bolingo na bango epai na baton a lolenge wana.

Tomoni kati na Biblia bisika mingi epai wapi Yesu abikisaki bato bakangamaki na milimo mabe. Mpo nini makomamaki kati na Makomi? Lokola suka na ekeke ezali kobelema, bolingo eyeisami mpio mpe Satana azali konyokola batu, akomemaka bango na konyokwama na mobulu kati na bongo, mpe akozwa bango lokola bana na zabolo. Satana akonyokolaka, kobelisa, kotungisa, mpe kobebisa na masumu mpe mabe makanisi na bato. Mpo eye mboka ebebisami na masumu mpe na mabe, bato bakomi mbangu mpona koyokela likunia, koswana, koyina, mpe kobomana moko na mosusu. Lokola mikolo na suka mipusani mpenza, Bakristu basengeli kososola solo na solo te, babatela kondima na bano, mpe babika ba bomoi na nzoto malamu na nzoto mpe na makanisi.

Tika biso totala ntina sima na koningisama mpe minyoko na Satana, mpe bomati na bato oyo bakangami na Satana mpe na milimo mabe mpe bakonyokwamaka na mibulu na bongo kati na mokili na bison a lelo esika wapi mayele na bato mayele mapusani mpenza.

Nzela Mpona Kokangama na Mobimba Epai na Satana

Moto nioso azali na conscience mpe moto na moto akobikaka kolandana na yango, kasi etape na moto na moto mpe makambo mabimi na yango ekesena na moto na moto. Yango ezali mpo ete moto na moto abotamaka mpe akolisamaka na bisika mikesanaka mpe na ba condition ekesana, kolandana na oyo amona, ayoka, mpe bayekola makambo makesana epai na baboti, na ndako, mpe na kelasi, mpe babomba ba sango mikesena.

Na loboko moko, Liloba na Nzambe, oyo ezali solo, elobeli biso ete, "Tika te ete mabe mazongisa yo nsima, yo zongisa mabe nsima na kosala malamu" (Baloma 12:21), mpe esengi na biso ete, "Botelemela moto mabe te; kasi soko nani akobeta yon a litama na mobali, pesa ye mpe oyo mosusu" (Matai 5:39). Mpo ete Liloba elakisi bolingo mpe kolimbisa, etape na kosambisa "Kobungisa ezali kolonga" ekolaka kati na ba oyo bandimeli yango. Na loboko mosusu, soki moto ayekola ete asengeli kozongisa na tango abetami, akokoma na maloba malobi ete kotelemela ezali kotalisa bo elombe na tango wapi kokima ezali kotalisa bozoba. Makambo misato- etape na kosambisama na moto na moto, soko moto abikaki bomoi kati na sembo to mpe na kozanga sembo, mpe lolenge kani akomisangisaka na mokili- ikobandisa motena na lolenge na lolenge kati na moto na moto.

Mpona bato oyo bakambaka bomoi nabango na kokesana mpe mitema na bango mpe ikozala na kokesana, Satana moyini na Nzambe asalelaka yango mpona komeka bato ete babika kolandana na lolenge na masumu, na kokesana na bosembo mpe na bolamu, na komatisaka makanisi mabe mpe komema bango na kosumuka.

Kati mna mitema na bato ezali na kowelana kati na mposa na Molimo Mosantu na wapi bango basengeli kobika na mobeko na Nzambe, mpe mposa na lolenge na masumu na wapi bato bamemani na kolanda ba mposa na nzoto. Yango ntina Nzambe Asengi na biso kati na Bagalatia 5:16-17 ete, "Nalobi ete, botambola na molimo mpe bopesa mposa na nzoto nzela te. Pamba te mposa na nzoto ekobundaka na mposa na molimo mpe mposa na molimo ekobundaka na mposa na nzoto ; nioso mibale ikotelemelana, kopekisa bino été bozanga kosala yango ekani bino.

Soki tokobika kati na baposa na Molimo Mosantu tosangola Bokonzi na Nzambe; soki tokolanda ba mposa na lolenge na masumu mpe tokobika kolandana na Liloba na Nzambe, tokosangola te bokonzi na Ye. Yango tina Nzambe Akebisi biso lolenge elandi kati na Bagalatia 5:19-21 ete:

> Misala na nzoto imonani polele, yango oyo: ekobo, makambo na bosoto, pite, kosambela bikeko, ndoki, nkaka, kowelana,, zua, nkanda, kolulela, kokabwana, koponapona, koboma bato, kolangwa masanga, bilambo na lokoso mpe makambo na motindo yango. Nazali kokebisa bino lokola ekebisaki ngai bino liboso ete baoyo bakosalaka makambo yango bakosangola Bokonzi na Nzambe te.

Bongo lolenge nini bato bakangamaka na milimo mabe?

Na nzela na makanisi na moto, Satana akolamusaka ba mposa na lolenge na motema na masumu kati na moto oyo motema na ye etondisama na lolenge na masumu. Soki ye akoki te kokonza makanisi maye mpe akosalela motema na masumu, motema na komikatela mabe ekozwa esika kati na ye mpe akozinda kati na mabe. Na tango misala eye na motema na masumu ebakisami, na suka moto akoka lisusu ten a komikamba ye moko kasi kutu akosala nioso oyo Satana akosenga na ye kosala. Mpo na moto na lolenge oyo ekolobama ete akangami na Satana.

Ndakisa, tika biso toloba ete ezali na moto na bolembu oyo alingaka kosala te, kasi alukaka komela masanga mpe kolekisa tango na ye. Mpona moto na lolenge oyo, Satana akokonza mpe komema makanisi na ye na komela masanga mpe na kolekisa tango na ye na kokanisaka ete na koyokaka ete kosala ezali likambo na bozito. Sata mpe akomema ye mosika na bolamu yango ezali solo, koyiba energie na ye na kobongisa bomoi na ye, mpe komema ye na kokoma moto azangi ntina mpe na mpamba.

Na lolenge akobika mpe akosala kolandana na makanisi na Satana, moto oyo akoki te kokima mosala na Satana. Lisusu, lokola motema na ye ekokola kati na mabe mpe asilaki komitika mpenza kati na makanisi mabe, esika na kokamba motema na ye ye akosala nioso esepelisi ye. Soki alingi kozwa kanda, akozwa kanda mpona esengo na ye; soki alingi kobunda mpekoswana, akoswana mpe akobunda lolenge elinge;li ye;

mpe soki alingi komela, akokoka te komipekisa mpona komela. Na tango likambo oyo ebuti, na esika moko boye, ye akoka lisusu te kokonza makanisi na ye mpe motema mpe akomona ete makambo nioso matelemeli mokano na ye. Sima na oyo, akokangama na milimo mabe (ba demona).

Ntina na Kokangama na Milimo Mabe

Ezali na ba ntina mibale mpona moto kotindikama na Satana mpe na sima kokangama na milimo mabe (demona).

1. Baboti

Soki baboti batiki Nzambe, babandi kongumbamela bikeko oyo Nzambe Ayinaka mpe Amonaka nkele, to mpe basalaki eloko moko na mabe mingi koleka, bongo mapinga na milimo mabe makokotela bana na bango mpe soki batikali bongo, bakokangama na milimo mabe. Na likambo na lolenge eye, baboti basengeli koya liboso na Nzambe, na nzela na tubela makasi na masumu na bango, balongwana ba lolenge na bango na masumu, mpe balelela Nzambe mpona bana na bango. Boye Nzambe Akomona katikati na motema na baboti na bango mpe Akotalisa mosala na kobikisa, mpe boye kofungola minyololo na bozangi sembo.

2. Moto ye Moko

Na kozanga masumu na baboti, moto mpe akoki na kokangama na milimo mabe likolo na kozanga solo na ye, ezala mabe, lolendo, mpe bongo na bongo. Mpo ete moto yango akoki te kobondela mpe kotubela na makoki na ye moko te, na tango azwi libondeli epai na mosali naNzambe oyo azali kotalisa nguya na Ye, minyololo na kozanga sembo ikoki kokweisama. Na tango milimo mabe mibomisami mpe ayei na bososoli, asengeli kolakisama Liloba na Nzambe mpo ete motema na ye eye ezindisamaki kati na lisumu mpe mabe ekoka na kolongolama mpe ekoma motema na solo.

Na bongo, soki moko nabandeko na libota to mpe bandeko bakangami na milimo mabe, libota esengeli kopona moto moko oyo akobondela mpona moto yango. Yango ezali mpo ete motema mpe makanisi na mokangemi na milimo mabe mizali kokonzama na milimo mabe mpe azali na makoki na kosala eloko moko te kolandana na makoki na ye moko. Akoki soko konbondela soko koyoka Liloba na solo; akoki bongo kobika kati na solo te. Na bongo, libota mobimba to mpe kaka moto moko kati libota asengeli kobondela mpona ye kati na bolingo mpe maw mpo ete mokangemi na milimo mabe oyo akoka kobika sik'awa kati na kondima. Na tango Nzambe Akomona komikaba mpe bolingo kati na libota wana, Akotalisa mosala na lobiko. Yesu Alobaki na biso ete tolinga mozalani na biso lokola tokomilingaka (Luka 10:27). Soki tokoki te kobondela mpe komikaba mpona ndeko moko kati na libota na biso oyo akangemi na milimo mabe, lolenge nini tokoki koloba ete tolingi mozalani na biso?

Na tango Libota mpe baninga na moto oyo akangemi na milimo mabe basosoli likambo, batubeli, mpe babondeli kati na kondima na nguya na Nzambe, bamipesi kati na bolingo, mpe baloni nkona na bolingo, bongo mapinga na milimo mabe bakobimisama mpe molingami na bango akombongwana na moto na solo, oyo Nzambe Akotiela lopango mpe Akobatela na milimo mabe.

Ba Nzela na Kobikisa Bato Bakangemi na Milimo Mabe

Kati na biteni mingi kati na Biblia ezali na makambo matali lobiko na bato bakangemaki na milimo mabe. Tika ete biso totala lolenge nini bazwaki lobiko.

1. Bosengeli Koboya mapinga na ba demona

Kati na Malako 5:1-20 tomoni moto oyo akangemaki na molimo na mbindo. Eteni 3-4 elimboli mpona moto yango ete, "Afandi kati na mayita; moto akokaki kokanga ye lisusu ata na minyololo te, mpo mbala mingi akangami nan kanga mpe na minyololo, kasi abuki minyololo mpe atuki nkanga mpe moto te azalaki na nguya na kokitisa makasi na ye." Toyekoli mpe kati na Malako 5:5-7 koloba ete, "Ntango nioso butu mpe moi, azalaki kati na mayita mpe likolo na ngomba kongangaka mpe komizokisa na mabanga. Emoni ye Yesu mosika, apoti mbango mpe akumbameli Ye. Angangi na mongongo makasi ete, 'Tozali na likambo nini bison a yo, Yesu, Mwana na Nzambe OYO-Aleki-Likolo? Nabondeli Yo na nkombo na Nzambe ete otungisa ngai te !' "

Yango ezalaki eyano na oyo Yesu Apesaki lokola mitindo

Yesu Andimelaki "Ebele" ete bakotela etonga monene na ba ngulu, eye ekimaki na mobungutulu molai kati na libeke mpe bazindaki kati na yango. Na tango tozali kobengana milimo mabe, tosengeli kosala yango na Liloba na Nzambe, yango etalisami na mai. Na tango bato bamonaki moto, oyo akokaki kokitisama ten a makasi na bato, kobika na mobimba, afandi wana, alati bilamba mpe na mayele malamu, bango babangaki.

Lolenge nini tosengeli kobimisa milimo mabe na lelo? Basengeli kobomisama na nkombo na Yesu Chritu kati na mai, yango Liloba, to moto, yango elakisi Molimo Mosantu, mpo été nguya na bango ekoka na kobunga. Ata bongo, mpo été milimo mabe bazali bikelamo na molimo, bakobimisama na tango moto na nguya na kobimisa milimo mabe akobondela. Na yango moto azangi kondima ameki kobimisa bango kibanda, ba demona na tango wana bakokitisa ye to mpe bakongangela ye. Na boye mpona kobikisa moto akangemi na milimo mabe, mosali na Nzambe na nguya na kobengana milimo mabe asengeli kobondela mpona ye.

Kasi, na ba tango na tango milimo mabe bakobimisamaka te ata soki moto na Nzambe abengani bango na nkombo na Yesu Christu. Yango ezali mpo ete moto yango oyo akangemi na milimo mabe atiolaki to mpe atelemelaki Molimo Mosantu (Matai 12:31; Luka 12:10). Lobiko ekoki te kotalisama epai na mokangemi na milimo mabe na tango bango bakokoba na kosumuka sima na bango koyamba boyebi na solo (Baebele 10:26).

Lisusu, kati na Baebele 6:4-6 tomoni ete, "Pamba te mpona bango basili kongengelama moi mpe koleta likabo na Likolo mpe kosangana na Molimo Mosantu, bayoki elengi na Liloba na Nzambe mpe nguta na ekeke ekoya ; soko na nsima basili kopengwa, nzela na kobongola bango lisusu na motema ezali te mpo kobakisa Mwana na Nzambe na ekulusu bango mpenza, mpe bazali kotiola Ye."

Sasaipi lokola toyekoli mpona yango, tosengeli komibatela mpo ete tosala lisumu oyo na wapi tokoki kozwa kolimbisama na masumu te. Tosengeli mpe kososola kati na solo soko to te moto akangemi na milimo mabe akoki kobika na libondeli.

2. Bomilatisa bino mpenza na solo.

Na tango bademona babimisami na bango, bato basengeli kotondisa mitema na bango na bomoi mpe solo na kotangaka nokinoki Liloba na Nzambe, kosanjola, mpe kobondela. Ata soki milimo mabe mibomisami, soki bato bakobi na kobika kati na masumu na kozanga komilatisa na solo, ba demona babimisamaki bakozonga mpe na tango oyo, bakoya elongo na basusu oyo baleki bango na mabe. Bokanisa ete condition na bato oyo akoleka mabe na oyo na liboso tango bademona bakotelaki bango.

Kati na Matai 12:43-45, Yesu Alobeli na biso oyo ete:

> Wana molimo na mbindo abimi na moto, akotambolaka na bisika bizangi mai mpo na koluka efandelo nde akozua te. Bongo akoloba ete, 'Nakozonga na ndako na ngai wana ebimaki ngai. Ekokoma ye, akomona ete ezali mpamba mpe ekombami mpe ebongisami. Bongo akokenda akoya na milimo mosusu nsambo baoyo baleki ye na mabe mpe bakoingela kofanda kuna. Mpe motindo na nsuka na moto yango ekozala mabe koleka motindo na liboso. Ekozala mpe bongo na libota oyo na mabe.

Milimo mabe basengeli te kobimisama na maseki. Lisusu, sima na milimo mabe kobimisama, baninga mpe bandeko na ye oyo akangemaki na milimo mabe basengeli kososola été moto azali sik'awa kobondisama na bolingo makasi koleka na liboso. Basengeli kolandela ye kati na komipesa mpe komikaba mbeka mpe kolatisa ye na solo kino tango lobiko na libela ekozwama.

Nioso Ekoki na Mpona Ye oyo Andimi

Kati na Malako 9:17-27 ezli na lisolo na Yesu kobikisa mwana akangemi na moolimo oyo ayibaki ye koloba mpe konyokwama na maladi na ndeke sima na komona kondima na tata na ye. Tika totala noki lolenge nini mwana azwaki lobiko.

1. Libota esengeli kotalisa kondima na bango

Muana mobali kati na Malako 9 azala mokufi matoi mpe ebubu wuta bomwana na ye likolo na kokangema na milimo mabe. Akokaki te kososola ata liloba mpe lisolo ekokaki te mpona ye. Mpe bongo, ezalaki pasi mpona koyeba soki elembo na maladi na ndeke elingaki kobanda. Bongo tata na ye, azalaki tango nioso kobika kati na bobangi mpe na pasi, na elikia nioso na bomoi ebunga.

Bongo tata ayaka koyoka mpona moto na Galilea oyo Azalaki kotalisa bikamwiseli na kosekwisa bakufi, mpe na kobikisa ba malali na lolenge na lolenge. Pole na elikia akomaki kokotela bozangi elikia na moto yango. Soki sango yango ezalaki solo, tata andimaki été moto oyo na Galilea Akokaki mpe kobikisa mwana na ye mobali. Kati na koluka makila malamu, tata amemaki mwana na ye mobali liboso na Yesu mpe alobaki na ye été, "Kasi soki okoki kosala eloko, sunga biso mpe yokela biso mawa !" (Malako 9 :22)

Sima na ye koyoka bosenga na tata, Yesu Alobaki ete,"Soki okoki," makambo nioso makoki na moto moto na kondima," mpe apamelaki tata mpona kondima na ye moke. Tata ayokaki sango kasi andimaki yango kati na motema na ye te. Soki tata ayebaka été Yesu lokola Mwana na Nzambe Azalaki na Nguya Nioso mpe solo yango moko mpenza, alingaki te koloba été, »soki. » Mpona kolakisa biso été ekoki te kosepelisa Nzambe soki tozangi kondima mpe été ekoki te mpona kozwa biyano soki kondima na mobimba ezali te na oyo moto akki kondima, Yesu Alobaki été, 'Soki Nakoki ? " lolenge Apamelaki tata mpona kondima na ye moke."

Kondima ekoki kokabolama na ba lolenge mibale. Na "kondima na mosuni" to "kondima lokola koyeba," moto akoki na oyo ezali ye komona. Kondima oyo na lolenge wapi moto akoki kondima soki amoni te ezali "kondima na molimo," "kondima na solo," "kondima na bomoi," to "kondima eye elandisami na misala." Kondima na lolenge oyo ekoki kokela eloko esika eloko ezali te. Limbola na "kondima" kolandana na Biblia ezali "Elendiseli na biloko bikolikia biso; ezali mpe elimbweli na biloko bizangi komonana" (Baebele 11:1).

Na tango bato banyokwami na ba malali ekoki kobikisama na

moto, bakoki kobika lolenge ba bokono na bango mizikisami na moto na Molimo Mosantu na tango batalisi kondima na bango mpe batondisami na Molimo Mosantu. Soki mondimi na sika kati na bomoi na Mokristu abeli, akoki kobika na tango afungoli motema na ye, ayoki Liloba, mpe Atalisi kondima na ye. Soki mondimi oyo akola na kondima akomi kobela, akoki kobika na tango alongwe na ba nzela na ye na nzela na tubela.

Na tango bato bazali konyokwama na ba malalai iye ikoki te kozwa lobiko na makoki na minganga, basengeli kotalisa kongima yango ezali monene koleka. Soki mokristo mokola azali na bokono, akoki kobika soki afungoli motema na ye, mpe avondeli na kopasola motema na ye, mpe apesi mabondeli makasi. Soki moto na kondima moke to mpe na kondima moko te akomi malali, akobikisama te kino tango akopesama kondima mpe kolandana na bokoli na kondima na ye, mosala na loboko ekotalisama.

Ba oyo bazali na makakatani nanzoto, ba oyo ba nzoto na bango ezali na mbeba, mpe na ba bokono na makila bakoki kaka kobika na bikamwa na Nzambe. Bongo, basengeli kotalisa komikaba epai na Nzambe mpe kondima na wapi bakoki kolinga mpe kosepelisa Ye. Wana kaka nde Nzambe Akondima kondima na bango mpe akotalisa lobiko. Na tango bato batalisi kondima na bango makasi epai na Nzambe-lolenge Bartimee abelelaki makasi epai na Yesu (Matai 8:5-13), mpe lolenge mokakatani atalisaki kondima mpe komipesa (Malako

2:3-12)-Nzambe Akopesa na bango lobiko. Na lolenge wana, mpo ete bato bakangemi na milimo mabe bakoki te kobikisama soki mosala na Nzmabe ezali te mpe bakoki te kotalisa kondima na bango, mpona kokitisa lobiko longwa na Lola, bandeko misusu kati na libota basengeli kondima na Nzambe na Nguya Nioso mpe baya liboso na Ye.

2. Bato basengeli kozala na kondima na wapi bakoki kondima

Tata na mwana mobali oyo akangemaka tango molai na molimo mabe azwaka Pamela na Yesu mpona kondima na ye moke. Na tango Yesu Alobaki na nguya ete, "Nioso ekoki na ye oyo andimi" epai na moto yango, bibebo na tata etatolaki na malamu ete, "Nandimi." Kasi Kasi kondima na ye esukaki na mayebi. Yango tina tata abondelaki Yesu, "[Sunga] kozanga kondima na ngai" (Malako9:24) na koyokaka bosenga na tata, oyo ewutaki na motema na solo, libondeli makasi, mpe kondima eyebamaki na Yesu, Apesaki na tata sik'awa kondima na wapi akokaki kondima.

Lolenge moko, na kobelelaka epai na Nzambe tokoki kozwa kondima na wapi tokoki kondima mpe na kondima na lolenge oyo, tokokoma makasi mpona kozwa biyano na makambo na biso, mpe "likambo esengelaki te" ekokokisama."

Na tango tata ayaki kokoma na kondima na oyo ye akokaki

kondima, na tango Yesu Apesaki motindo ete, "Yo molimo na ebubu, Nazali koloba nay o bima na ye mpe kotela ye lisusu te." Molimo mabe abimaki na mwana yango na koningisa ye makasi (Malako 9:25-27). Lolenge bibebo na tata ebondelaki mpona kondima na wapi akokaki kondima mpe elikiaki mpona loboko na Nzambe- ata sima na Yesu kopammela ye- Yesu Atalisaki mosala na kokamwa na lobiko.

Yesu Ayanolaki ata mpe Apesaki lobiko na solo epai na mwana mobali na tata oyo akangemaki na molimo oyo ayibaki ye mmaloba, mpe azalaki konyokwama na malady an ndeke wango tina azlaki kokweya tango na tango nan se, mpe kobimisa fulufulu na monoko, kolia mino, mpe akangamaki nzoto mobimba. Bongo na ba oyo bandimelaka nguya na NNzambe na wapi nioso ekoki kosalema mpe babiki na Liloba na Ye, bongo Ye Akondimela bango nioso kotambola malamu mpe Atambwisa bango na kobika ba bomoi na nzoto malamu?

Kala te sima na kobanda na Manmin, elenge mobali na Province na Gang-won ayaki na lingomba sima na ye koyoka sango na yango. Elenge mobali yango akanisaki été azalaki kosalela Nzambe malamu lokola molakisi na kelasi na eyenga mpe lokola moko na bayembi. Kasi, mpo été azalaki mpenza na lolendo mingi mpe alongolaki mabe te kati na motema na ye elenge mobali akomaki na konyokwama sima na molimo mabe kokotela ye kati na motema na ye mbindo mpe akomaki kobika kati na ye. Mosala na kobikisama etalisamaki sima na mabondeli makasi mpe komikaba na tata na ye. Sima na kozwa identite na molimo mabe yango mpe kobengana yango na mabondeli, elenge mobali abimisaki fulufulu na monoko, akweyaki na mokongo, mpe abimisaki solo mabe mingi mpenza. Sima na eloko oyo, bomoi na elenge mobali ezongisamaki sika na lolenge azalaki komitondisa na solo kati na Manmin. Lelo, azali kosalela lingomba na ye na molende kuna na Gang-won mpe azali kopesa nkembo epai na Nzambe na kokabolaka ngolu na litatoli na kobikisama na ye na kokabolaka ngolu na litatoli ye epai na bato ebele mingi.

Tika ete boya na kososola ete misala na nzambe mizali na suka te mpe ete makambo nioso makoki kati na yango, mpo ete na tango basengi kati na mabondeli bokokoma kaka mwana mopambolami na Nzambe te mpe lisusu mosantu na Ye Akolingaka mingi ba oyo makambo nabang nioso itambolaka malamu tango nioso, na nkombo na Nkolo na biso Nabndeli!

Chapitre 7

Kondima na Namana Moto na Maba mpe Botosi na Ye

2 Mikonzi 5:9-10

Bongo Namana ayaki na ba mpunda na ye mpe na mikalo na ye, atelemaki na ekuke na ndako na Elisa. Elisa atindelaki ye ntoma, na ye ete, 'Kenda kosukola na Yaladene mbala nsambo mpe nzoto nay o ekobika mpe okozala mpeto." Boye akitaki mpe asukolaki na Yaladene mbala sambo lokola na liloba na moto na Nzambe, mpe nzoto na ye ekomaki lisusu lokola nzoto na mwana moke, apetwaki

Generale Namana Moto na Mbala

Kati na bomoi na bison a nse na moi, tokutanaka na makambo minene mpe na mike. Na tango na tango tokutanaka na makambo maye mazali na likolo na makoki na moto. Na mboka babengi Alama na Likolo na Yisalele, ezalaki na mokonzi na mapinga na nkombo na Namana. Amema mapinga na ekolo na Sulia na elonga na ntangomboka ezalaki na pembeni na kokweya. Namana alingaka mboka na ye mpe asalelaka mokonzi na ye kati na bosembo. Ata soki mokonzi na mboka atalaki Namana na botosi, general azalaki na kotungisama likolo na sekele eye moto moko te ayebaki.

Nini ezalaki ntina na kotungisama na ye? Namana azalaki na kotungisama mpo ete azangaki misolo to mpe koyebana? Namana ayokaki mabe mpe azwaki esengo moko te kati na bomoi na ye mpo ete azalaki na malady na maba, bokono ekokaki kobikisama te epai na minganga na tango wana.

Na tango na Namana, bato oyo bazalaki konyokwama na malady na maba bamonanaki mbindo. Bamemanakii na kobika kati na kobwakama na libanda na mboka. Namana ezalaki monene na kondimana te mpo ete, likolo na pasi nanzoto, ezalaki na mikakatano misusu ezalaki kolanda likambo na maba. Ba symptom na maba ezalaki na bilembo likolo na nzoto, mingi mingi na elongi, libanda na maboko mpe na makolo na ye, na makaka na ye, mpe lisusu kobeba na misisa na ye. Na ba bokono mingi, mbuma na miso, manzaka na misapi, mpe na makolo ekolongwaka na nzoto mpe komonana na oto ekotalisama mabe mingi.

Bongo na moi, Namana oyo azwamaki na bokono ebe ekokaki kobikisama te mpe oyo akokaki kozwa esengo te kati na bomoi ayokaki sango malamu. Kolandana na elenge mwasi oyo akangemaki moumbo na Yisalele oyo azalaki kosalela mwasi na ye, ezalaki na mosakli na Samaria oyo akokaki kobikisa Namana na maba na ye. Mpo ete ezalaki na eloko moko te akokaki kosala mpona kozwa lobiko, Namana alobelaki mokonzi na ye mpona okono azalaki na yango mpe nini eyokaki ye epai na mosali na ye na mwasi. Na koyoka et emo general na ye akokaki kobika na maba soki akendaki liboso na mosakoli na Samaria, mokonzi alukaki kosunga mpenza Namana nde akomaki kutu mokanda epai na mokonzi na Yisalele mpona ntina na Namana.

Namana alongwaki mpona kobenbuka na Yisalele elongo na ba talanta zomi na palata, ba Sekele ntuku motoba na wolo mpe ebele na bilamba zomi mpe mokanda na mokonzi, yango etangaki ete "Tala wana mokanda oyo ekokoma epai nay o, nasili kotiindela yo Namana mosali na ngai ete obikisa ye na mbala na ye" (et.60. Na tango yanngo, Alama ezalaki ekolo eleki Yisalele na makasi. Sima na kotanga mokanda euti epai na mokonzi na Sulia, mokonzi na Yisalele apasolaki elamba na ye mpe alobaki ete, "Ngai nazali Nzambe? Mpo nini moto oyo atindi moto epai na ngai mpona kobika na malali na mbala? Botala lolenge nini azali komeka kozwa koswana elongo na ngai!"

Na tango mosakoli na Yisalele Elisa ayokaki sango oyo,

ayaki liboso na mokonzi mpe alobakii ete, "Mpona nini opasoli bilamba na yo? Aya epai na ngai mpe akososola ete mosakoli azali kati na Yisalele" (et.8).Na tango mokonzi na Yisalele atindaki Namana na Ndako na Elisa, mosakoli akutanaki na generale te kasi alobaki kaka na nzela na motindi ete, "Kenda kosukola na Yaladene mbala nsambo mpe nzoto nay o ekobika mpe mpe ekozala mpeto" (et.10).

Boni pasi yango esengelaki kozala mpona Namana, ye oyo akendaki elongo bna ba mpunda na ye mpe na mikalo na ndako na Elisa, kaka komona ete mosakoli ayambaki ye te soko mpe kokutana na ye te? Generale azwaki nkanda. Akanisaki ete soki mokonzi na mapinga maleki Yisalele na makasi akendaki kotala ye, mosakoli alingaki koyamba ye na esengo mpe amama ye maboko. Esika na yango, Namana azwaki koyambama moko te epai na mosakoli mpe eyebisamelaki ye ete akennde kosukola na Yaladene oyo ebale eye ezalaki moke mpe mbindo.

Na nkanda, Namana akanisaki mpona kozonga mboka na ye, na kolobaka ete, "Natangi ete , akoya solo epai na ngai mpe akobianga nkombo na Yawe Nzambe na ye mpe akotia loboko na ye na esika na mbala mpe akobikisa yango.Abana mpe Falapana, oyo mikele na damaseke, ileki mai nioso na Yisalele te? Nakoki kosukola na yango te ete napetwa?" (et.11-12). Lokola azalaki kobongisa mobembo na ye mpona kozonga ndako, bassali na Namana balobanaki na ye ete, "Tata na biso soki mosakoli alobaki nay o ete osala likambo monene, yo osali yango te? Na koleka soko alobi nay o ete, 'Sukola mpe Okopetwa!'?"

Balobelaki na nkolo na bango ete atosa maloba na Elisa.

Nini esalemaki na tango Namana amizindisaki kati na Ebale na Yaladene mbala sambo, lokola Elisa asengaki na ye? Loposo na ye ekomaki petwa lokola oyo na elenge mobali. Maba oyo epesaki Namana kokoso mingi mpenza ebikisamaki mpenza mpenza. Na tango bokono ekokaki soko moke te kobikisama na moto ebikisami mpona botosi na Namana epai na moto na Nzambe, general ayaki kososola ete Nzambe Azali na bomoi mpe Elisa azali moto na Nzambe.

Sima na komona nguya na Nzambe na Bomoi-Nzambe Mobikisi na Maba- Namana azongelaki Elisa, atatolaki ete, "Abutwaki epai na moto na Nzambe, ye mpe bato nioso na ye elongo, ayaki mpe atelemaki liboso na ye. Alobaki ete, 'Sasaipi nayebi ete Nzambe mosusu azali kati na mokili mobimba te bobele na Yisalele. Boye sik'awa, kamata likabo na moumbo nay o. Kasi alobaki ete, Lokola YAWE Azali na bomoi, Ye oyo nazali kotelema liboso na Ye, nakokamata yango te.' Apusaki ye nde aboyaki. Namana alobaki ete, 'Tika ete moumbo nay o apesamela mua mabele oyo ekoki na mpunda mibale kokumba yango mpo mpo ete moumbo nay o akopesa mbeka na kotumbama to mbeka ebomami epai na banzambe mosusu te bobele epai na YAWE," mpe apesaki nkembo na Nzambe (2 Mikonzi 5:15-17).

Kondima mpe Misala na Namana

Tika sasaipi totala kondima mpe misala na Namana, oyo

akutanaki na Nzambe Mobikisi mpe abikaki na malali ekokaki kobika soko te.

1. Motema Malamu na Namana

Bato misusu bayambaka mpe bandimelaka maloba na bato misusu na tango basusu mpe bakolukaka na koboya mpe na koboya kolanda maloba na bato misusu. Mpo ete Namana azalaki na motema malamu, atikalaki kotala maloba na basusu mpamba te, kasi andimaki yango na komikitisa. Akokaki kokende na Yisalele, mpe kotosa maloba na Elisa, mpe kozwa lobiko mpo ete atikalaki kobwakka te kasi alandaki mpenza maloba na elenge moumbo mwasi mosali na mwasi na ye. Na tango mwana oyo elenge ye oyo akamatamaki mokangemi na Yisalele alobaki na mwasi na ye ete, "Soki nkolo na ngai azalaka liboso na mosakoli oyo na Samalia, mbe ye akobikisa ye na mbala na ye," Namana andimelaki ye. Toloba ete bozalaki na esika na Namana. Nini bolingaki kosala? Bolingaki mpenza kondimela maloba wana?

Ata soki mayele na mambi na minganga mamati mingi lelo, ezali na ba bokono mingi wapi mayele yango ezali na nguya te. Soki bolobeli basusu ete bobikisamaki na bokono ekoki kozwa lobiko te na nguya na Nzambe, to mpe bobikaki sima na koyamba libondeli, bato boni bokanisi ete bakokaki kondima bino? Namana andimelaki maloba na na mwana mwasi elenge na tango ateyaki ye mpe akendaki epai na mokonzi mpona kosenga nzela, akendaki na Yisalele, mpe azwaki lobiko na malali na maba na ye. Na maloba mosusu, mpo ete Namana azalaki na motema malamu akokaki kolanda maloba na elenge mwasi na tango ateyaki ye mpe asalelaki yango. Tosengeli mpe kososola ete na tango toteyamaki Sango Malamu, tokoki kozwa biyano na makambo na biso kaka na tango tondimi mateya mpe toyei liboso na Nzambe lolenge Namana asalaki yango.

2. Namana Akangaki

Na tango Namana akendaki na Yisalele na lisungi na mokonzi na ye mpe akomaki na ndako na Elisa, mosakoli oyo akokaki kobikisa bokono na maba na ye, ayambamaki na malili mpenza. Azwaki bongo kanda mpona Elisa, oyo na miso na Namana mopagano azalaki na koyebana te to mpe monnene kati na bato, aboya koyamba mosali na sembo na mokonzi na Alama, mpe alobaki na Namana na nzela na mosali- akkenda kosukola na Ebale na Yaladene mbala sambo. Namana azwaki nkanda makasi mpo eete atindamaki mpenza epai na mokonzi na Sulia. Lisusu, Elisa atikai ye moko maboko likolo na bisika na maba te kasi na esika alobaki na Namana ete akende kosukola kati na mokele eye ezalaki moke mpe mbindo yango Yaladene.

Namana azwaki nkanda mpona Elisa mpe ezaleli na mosakoli, oyo ye akokaki kososola ten a makanisi na ye moko te. Amibongisaki mpona mobembo na kozonga mboka, na kokanisaka ete ezalaki na ba mikele mingi minene mpe na petwa kati na ekolo na ye mpe ete ye akopetolama soki asukolaka kati na moko na bango. Nangonga wana, basali na Namana abaengaki na nkolo na bango mpo ette bbatosa malakisi na Elisa mpe amizindisa kati na Yaladene.

Mpo ete Namana azalaki na motema malamu, generale asalelaki makanisi na ye moko te kasi alukaki kotosa malako na Elisa, mpe akkendaki na Yaladene. Kati na batoo na lokuumu lokola ooyo na Namana, boni kati na bango bakotubela mpe bbatosa na kosengama na basali na bango to mpe basusu na esika na nse na bango?

Lokola tomoni kati na Yisaya 55:8-9 ete, "Mpo ete makanisi nna Ngai mazali makanisi na bino te mpe nzela na binoo ezali nzela na Ngai te. YAWE Alobi bongo. Pamba te lokola Lola eleki mokili likolo, boye nzela na Ngai eleki nzela na bino mpe makanisi na ngai maleki makanisi na bino.,'" na tango tokokangamaka na makanisi na bato mpe lolenge, tokoka te kotosa Liloba na Nzambe. Tika ete tokanisa suka na mokonzi Saulo ye oyo atosaki te Nzambe. Na tango tokotisi makanisi na bato mpe toboyi kotosa mokano na Nzambe yanngo ezali mosala na boboyi botosi, mpe soko tokweyi na koboya kondima bozangi botosi na biso, tosengeli koyeba ete Nzambe Akotika mpe Akobwaka biso lolenge mokonzi Saulo abwakamaka epai na Ye.

Totango kati na 1 Samuele 15:22-23 ete, "Mpe Samuele alobaki ete, 'YAWE Akosepelaka na mbeka na miboma lokola Ye Akosepela botosi kotosa mongongo na Ye? Tala kotosa eleki moboma na malamu mpe koyoka eleki mafuta na bampate. Mpo ete kotomboka ezali lokola lisumu na ndoki mpe nko ezali lokola lisumu na bikeko. Yo oboyi Liloba na YAWE, bongo Ye Aboyi mpe yo ete ozala mokonzi lisusu te.'" Namana akanisaki mbala mibale mpe alingaki kokabola makanisi ma ye moko mpe alanda malakisi na Elisa, moto na Nzambe. Na lolenge moko, tosengeli kokanisa ete kaka na tango tobwakisi mitema na bison a koboya kotosa mpe tobongoli yango na mitema na kotosa kolandana na mokano na Nzambe, tokoki kokokisa ba mposa na mitema na biso.

3. Namana Atosaki Liloba na Mosakoli

Na kolandaka maloba na Elisa, Namana akitaki nan se na Ebale na Yaladene mpe asukolaki. Ezalaki na ba mikele mingi kuna miye mizalaki minene mpe petwa koleka mokele na Yaladene, kasi maloba na Elisa mpona kokende na Yaladene ebombi limbola na molimo. Libeke na Yaladene etalisi lobiko, na tango mai etalisi Liloba na Nzambe eye ekopetolaka masumu na bato mpe ekomemaka bango na kokoma na lobiko. (1 Yoane 4:14). Yango tina Elisa alingaki ete Namana asukola kati na Ebale na Yaladene eye ekomema ye na lobiko, ata monene to mpe kopetolama ebale mosusu ekoki kozala, izali komema bato kati na lobiko te, mpe ezali na likambo moko ten a Nzambe, mpe kati na ba mai wana misala na Nzambe mikoki kotalisama te.

Lokola Yesu Alobeli biso kati na Yoane 3:5 ete, "Solo,solo, Nazali koloba nay o ete, soko moto akobotama na mai mpe na molimo te, akokoka koingela na bokonzi na Nzambe te," na kosuukola kati na Ebale na Yaladene, nzela efungwamaki mpona

Namana mpona kozwa bolimbisi na masumu na ye mpe lobiko, mpe akutana na Nzambe na bomoi.

Bongo mpona nini elobelemaki na Namana ete asokola mbala sambo? Motuya "7" ezali motuya na kokoka eye etalisi bokokisami. Na kosengaka na Namana ete amizindisa mbala sambo, Elisa azalaki koloba na general ete azwa bolimbisi mpona masumu ma ye mpe amifandisa mobimba kati na Liiloba na Nzambe. Kaka wana nde Nzambe mpona oyo nioso ekoki Akotalisa mosala na kobikisama mpe Abikisa bokono nioso ekokaki kobikisama te.

Na boye, toyekoli ete Namana azwaki lobiko mpona mbala na ye, oyo minganga soko makoki na bato ezalaki mpamba, mpo ete atosaki liloba na mosakoli. Kati na makomi oyo kolobela bison a mobimba ete, "Pamba te, Liloba na nzambe ezali na bomoi mpe na nguya, ezali mpe na mopotu koleka mipanga nioso epeli bipai nioso mibale. Ezali kotobola kino ekabwelo na motema mpe molimo, matongi mpe lilongo; ezali komeka makanisi mpe mikano na motema. Eloko moko te ezali oyo ebombami liboso na Ye, kasi nioso ezali bolumbu mpe emonisami polele na miso na ye oyo azali na biso na makambo" (Baebele 4:12-13).

Namana akendaki liboso na Nzambe mpona oyo eloko moko te ekoki te, akangaki ekuke na makanisi na ye, atubelaki, mpe atosaki mokano na Ye. Lokola Namana amizindisaki na mbala sambo kati na Ebele na Yaladene, Nzambe Amonaki kondima na ye, Abikisaki ye na maba na ye, mpe mosuni na Namana ezongaki malamu mpe ekomaki petwa lokola oyo na mwana mobali elenge. Na kotalisaka biso ebele na eteni na elembo eye etalisi ete kobikisama na maba ekokaki kaka kosalema na nguya na Ye Nzambe Azali koloba na biso ete bokono nioso ekokaki kobikisama te, ekoki kozwa lobiko na tango biso tosepelisi Ye na kondima na biso eye elandisami na misala.

Namana Apesi Nkembo Epai na Nzambe

Sima na Namana kobika na maba na ye, azongelaki Elisa, atatolaki ete, "Sasaipi nayebi ete nzambe mosusu azali te kati na mokili mobimba soko na Yisalele te... moumbo na yompo ete moummbo nay o akopesa mbeka na kotumbama to mbeka ebomami epai na banzambe mosusu te bobele epai na YAWE, mpe apesaki nkembo na Nzambe.

Kati na Luka 17:11-19 ezali na eloko esika wapi bato zomi bakutanaki na Yesu mpe babikisamaki na maba. Kasi, kaka moko na bango azongelaki Yesu, kosanjola Nzambe na mongongo makasi, mpe amibwakaki na makolo na Yesu mpe apesaki Ye matondi. Kati na eteni 17-18, Yesu Atunaki mooto yango ete, "Bato zomi bapetolamaki te? Balibwa wapi? Mooto mosusu azongi kopesa Nzambe lokumu te, bobele mopaya oyo?" Na eteni 19 elandi, Alobaki na moto yango ete, "Telema mpe kende; kondima nay o ebikisi yo." Soki tozwi lobiko na nguya na Nzambe, tosengeli kaka te kopesa nkkembo epai na Nzambe, tondima Yesu Christu, mpe tokoma na lobiko, kasi mpe lisusu tobika kolandana na Liloba na Nzambe.

Namana azalaki na kondima mpe misala na oyo ye akokaki kobikisama na malali na maba, bokono ezangaki lobiko na tango na ye. Azalaki na motema malamu mpona kondima maloba na moumbo mwasi elenge oyo akangemaka. Azalaki na kondima na lolenge na wapi abongisaka likabo na motuya mpona kotala mosakoli. Atalisaki mosala na kotosa ata soki malakisi na Mosakoli Elisa ekokanaki na makanisi ma ye te.

Namana, mopagano, anyokwamaka na bokono ezanga kobika kasi na nzela na bokono na ye akutanaki na Nzambe na bomoi mpe amonaki mosala na lobiko. Moto naninani ayei liboso na Nzambe na Nguya Nioso mpe atalisi kondima mpe misala na ye akozwa biyano na makambo ma ye nioso ata pasi na lolenge nini makoki kozala.

Tika ete bozala na kondima na motuya, botalisa kondima yango na misala, bozwa biyano na makambo na bino nioso kati na bomoi, mpe bokoma mosantu apambolama na kopesaka nkembo epai na Nzambe, na nkombo na Nkolo Nabondeli.

Mokomi:
Dr. Jaerock Lee

Dr Lee abotama na Muan Province na Jeonnam, Republique na Coree, na 1943. Na tango azalaka na ba ntuku mibale ma ye, Dr. Lee anyokwama na ba bokono kilikili mpona ba mbula sambo mpe azalaka kaka kozela kufa na elikya moko te na kozongela nzoto malamu. Kasi mokolo moko kati na tango moi elingaka kokoma makasi mingi na 1974 akambamaki na egelesia epai na kulutu na ye ya muasi mpe na tango afukamaki mpona kobondela, Nzambe na bomoi Abikisaki ye na mbala moko na ba bokono na ye nioso.

Wuta mokolo akutanaki na Nzambe na bomoi na nzela na likambo wana na kokamwisa, Dr. Lee alinga Nzambe na motema na ye mobimba kati na bosolo, mpe na mbula 1978 abiagamaki mpona kokoma mosali na Nzambe. Abondelaka makasi mingi na kokila mingi na bilei mpo ete akoka kososola malamu mingi mokano na Nzambe, akokisa yango na mobimba mpe atosa Liloba na Nzambe. Na 1982, abandisaka Manmin egelesia Central na Seoul, Korea na ngele, mpe misala mingi na Nzambe, ata, bikamwa na lobiko, bilembo mpe bikamwiseli, mibanda kati na lingomba na ye wuta wana.

1986, Dr. Lee azalaki ordonner lokola Pasteur na Mayangani na Mbula na Yesu Egelesia Sungkyul na Coree, mpe sima mbula minei na 1990, mateya ma ye mabanda kotalisama na Australie, Rusia, mpe ba Philippines. Kaka sima na tango moke ba mboka ebele koleka mikomaki mpe kolanda o nzela na Companie na telediffusion na asia na moi kobima, Stion na telediffusion na Asia, mpe Systeme Radio na Bakristu na Washington.

Mbula misato na sima, na 1993, Egelesia Central Manmin eponamaki lokola moko na "Mangomba 50 na Mokili" na magazine na Mokili na Bakristu mpe azwaka Doctora Honorius na Bonzambe na College na Kondima na Bakristu, na Floride, America, mpe na 1996 azwaka Ph.D. na Mosala na Nzambe na Kingsway Seminaire ya Theologique, na Iowa, America.

Wuta 1993, Dr. Lee abanda kopalanganisa sango malamu kati na mokili mobimba na nzela na ba croisade na bikolo na bapaya na Tanzanie, Argentine, L.A., Baltimore City, Hawai, mpe na New York na America, Uganda, Japon, Pakistan, Kenya, Philippine, Honduras, Inde, Russie, Allemagne, Peru, Republique Democratique ya Congo, Yisalele mpe Estonie.

Na 2002 andimamaka lokola "molamusi na mokili mobimba" mpona mosala na ye na nguya na ba croisade ebele na bikolo na bapaya na ba Makasa minene na ba Sango na

Bakristu na Coree. Mingi mingi ezalaki Croisade na ye na New York City na Madison Square Garden, Ndako na ekenda Sango mokili mobimba. Milulu etalisamaki na ba mboka 220, mpe na 'Croisade na ye na Yisalele na 2009', esalamaki na Centre na Convetion International (CCI) na Yelusaleme Atatolaka na Mongongo makasi été Yesu Christu Azali Messia mpe Mobikisi.

Mateya ma ye mitalisamaka na ba mboka 176 na nzela na satellite kosangisa GCN TV mpe abengamaka kati na basali 10 baleki na kokangola bato na 2009 mpe 2010 na magazine ekenda sango na bato na Rusia magazine na Bakristu In Victory mpe agence na ba sango Telegraph na Bakristu mpona mosala na nguya makasi o nzela na bitando mpe mosala na ye kati na ba egelesia na mikili na ba paya na nzela na mosala na Sango Malamu.

Kobanda sanza na Mai na 2013, Egelesia Central Manmin ezali na lingomba koleka 120,000 na bato. Ezali na ba branche 10,000 na ba egelesia na mokili mobimba mpe ba branche 56 na mboka, mpe na ba missionaire 123 batindama na ba mboka 23, ata America, Rusia, Allemagne, Canada, Japon, China, France, Inde, Kenya, mpe mingi koleka, kino lelo.

Kino na mokolo na kobimisa buku oyo, Dr. Lee akoma ba buku 85, ata ba buku mikenda sango, Komeka bomoi na seko liboso na kufa, Bomoi na ngai bondimi na ngai I &II, Sango na ekulusu, bitape kati na kondima, Lola I & II, Hell, Lamuka Yisalele!, Nguya na Nzambe, misala ma ye mobongolisama na ba koto koleka 75.

Ba kolone na makomi ma ye na Bakristu mibimaka na Haankook Ilbo, Hebdomadaire Joong Ang, Chosun Ilbo, Dong-A Ilbo, Munhwa Ilbo, Seoul Shinmun, Kyughyang shinmun, Hebdomadaire economique na Coree, Herald Coreen, Ba Sango Shisa, mpe presse Chretienne.

Sasaipi Dr. Lee azali mokambi na ba organization missionaire ebele mpe na masanga. Ebonga na ye ezali: President, Lisanga na ba egelesia na Yesu Christu na kobulisama; President, Manmin Mission na Mokili mobimba. Na Lelo President, BoKristu na mokili mobimba na Mission na Association na Bolamuki; Fondateur & President na conseil na Administration, Reseau Mondiale na ba Minganga Bakristu (WCDN0 ; mpe mobandisi & President na conseil d'administration, Seminaire Internationale Manmin (MIS).

www.ingramcontent.com/pod-product-compliance
Lightning Source LLC
LaVergne TN
LVHW051952060526
838201LV00059B/3603